AI와 상상력 교육

AI문고

인공지능 시대입니다. 기계가 인간의 인지를 대신하고, 사물이 인간을 통하지 않고 다른 사물과 직접 커뮤니케이션합니다. 이에 따른 인간 삶과 문명 변화를 정확히 이해 · 예측 · 대응하는 것은 이 시대 우리 모두의 과제입니다. AI문고는 인공지능 기술과 환경의 여러 주제를 10가지 키워드로 정리합니다. 관련 개념과 이론, 학계와 산업계의 쟁점, 우리 일상의 변화를 다룹니다. 인간과 기술의 현재, 미래를 세심히 분석합니다.

일러두기

- 인명, 작품명, 저서명, 개념어 등은 한글과 함께 괄호 안에 해당 국가의 원어를 병기했습니다.
- 외래어 표기는 현행 어문규정의 외래어표기법을 따랐습니다.

처음이세요?

전문가세요?

AI와 상상력 교육

문은영

대한민국, 서울, 커뮤니케이션북스, 2025

AI와 상상력 교육

지은이 문은영
펴낸이 박영률

초판 1쇄 펴낸날 2025년 7월 11일

커뮤니케이션북스(주)
출판 등록 2007년 8월 17일 제313-2007-000166호
02880 서울시 성북구 성북로 5-11
전화(02) 7474 001, 팩스(02) 736 5047
commbooks@commbooks.com
www.commbooks.com

ISBN 979-11-430-0110-8 03500

책값은 뒤표지에 표시되어 있습니다.

차례

AI와 상상력 교육

상상력은 신이 인간에게 부여한 선물이다. 상상력을 통해 인간은 놀라운 성취를 이루었고, 인공지능(AI)이라는 최첨단의 과학 기술을 창출해 내었다. 인공지능은 빠른 속도로 인류의 삶에 스며들고 있으며 혁신적인 변화를 일구어내고 있다. 21세기는 인공지능의 시대라고 해도 과언이 아니다. AI는 산업, 경제, 의료, 교육 등 다양한 분야에서 혁신을 주도하며 우리 삶의 패러다임을 변화시키고 있다. 특히 AI는 인간의 창의성과 상상력을 확장하는 도구로서 그 역할이 점점 중요해지고 있다. 이 책에서는 AI가 상상력을 어떻게 촉진하고, 교육의 틀 안에서 어떻게 활용될 수 있는지를 탐색하고자 한다.

상상력은 새로운 아이디어를 창출하고 문제를 해결하는 데 필수적인 요소다. 예술, 과학, 철학, 종교, 교육 등 다양한 영역에서 상상력은 인간의 사고를 확장하고 혁신적인 사고방식을 가능하게 한다. AI가 이러한 상상력과 만나면서 발생하는 시너지는 인류의 미래를 결정짓는 중요한 요인이 될 것이다.

AI와 상상력 교육의 중요성

AI와 상상력의 결합이 중요한 이유는 다음과 같다. 첫째, AI는 창의적 작업을 지원하는 강력한 도구가 될 수 있다. 예를 들어 AI 기반의 생성 모델은 예술 작품을 창작하거나 과학적 실험을 설계하는 데 활용될 수 있다. 둘째, AI는 상상력을 교육에 접목함으로써 학습자의 창의적 사고를 자극할 수 있다. AI를 활용한 교육은 단순한 정보 전달을 넘어 학습자가 직접 상상하고 창조하는 능력을 기를 수 있도록 도와준다. 셋째, AI는 기존의 학문적 경계를 허물고 융합적인 사고를 촉진한다. 예를 들어 철학적 질문을 AI와 함께 탐구하거나, AI를 활용하여 종교적 사유를 확장하는 것이 가능해진다.

이러한 점에서 AI와 상상력 교육은 단순한 기술적 활용의 문제를 넘어서서 인류의 사고방식과 창조적 역량을 근본적으로 변화시키는 중요한 주제다. AI를 단순한 자동화 도구로 보는 것을 넘어서서 인간과 함께 상상력을 확장하는 협력자로 받아들여야 할 것이다.

독자 효용성

이 책은 AI와 상상력 교육의 접점을 탐색하고자 하는 연구자, 교육자, 학생, 그리고 창작 활동에 관심이 있는 모든 독자를 대상으로 한다. 독자들은 다음과 같은 가치를 얻을 수 있다.

AI를 활용한 상상력 확장 방법 탐색

AI가 어떻게 예술, 과학, 철학, 종교 등 다양한 분야에서 상상력을 촉진할 수 있는지 이해할 수 있다.

AI와 교육의 접목 방법 습득

AI가 학습과 교육 과정에서 어떻게 창의적 사고를 돕는지에 대한 구체적인 사례와 방법을 배울 수 있다.

미래 교육의 방향성 모색

4차 산업혁명 시대에 교육이 나아가야 할 방향과 AI가 교육 패러다임을 어떻게 변화시키는지에 대한 통찰을 얻을 수 있다.

융합적 사고와 새로운 학습 모델 제시

다양한 학문이 AI와 만나면서 융합적으로 발전하는 과정을 이해하고, 이를 자신의 연구나 실무에 적용할 수 있다.

책의 구성

이 책은 AI와 상상력 교육의 관계를 10개의 주제로 정리하였다. 각 장은 AI가 특정한 상상력의 유형을 어떻게 확장하는지를 설명하고, 이를 교육적으로 활용할 방법을 제시한다. 10개의 주제는 다음과 같은 기준을 바탕으로 선정되었다.

상상력의 주요 유형 반영

예술, 과학, 철학, 종교, 교육 등 다양한 분야에서 상상력이 어떻게 발현되는지를 반영한다.

AI의 기여도 고려

각 분야에서 AI가 상상력에 미치는 영향을 구체적으로 탐색할 수 있도록 구성한다.

교육적 활용 가능성

AI를 활용한 상상력 교육의 가능성을 탐색하고 실제 교육 현장에서 적용할 수 있는 방법을 제시한다.

미래 지향적 시각 제공

현재뿐만 아니라 AI와 상상력 교육이 미래에 어떻게 발전할 것인지 예측할 수 있도록 한다.

융합적 사고 촉진

상상력의 발현이 단일한 학문적 틀 안에서 이루어지는 것을 넘어서서 다양한 분야와 융합하여 발전한다는 점을 강조한다.

이러한 기준에 따라 열 가지 주제를 선정했다. 'AI와 상상력 교육'이라는 주제를 다룸에 예술적, 과학적, 철학적, 종교적, 교육적 상상력의 속성을 다루는 학제적 방식으로 책을 구성했다. 1~5장은 AI와 각각의 상상력의 관계를 이론적인 측면에서 고찰한다. 6~10장은 AI 도구들을 활용하여 사랑, 환경, 인공지능, 평화, 통일의 주제를 중심으로 각각의 상상력을 어떻게 함양할 수 있을지 구체적인 활동들을 제안하고 있다. 각 장의 중심 내용은 다음과 같다.

제1장 AI와 예술적 상상력

AI가 예술적 창작 과정에서 어떻게 활용되며, 창작의 개념을 어떻게 확장하는지를 탐구한다. 먼저 예술의 놀이적 특성과 AI 메타버스의 '난장'과 같은 놀이터의 성격을 살펴본다. 또한 AI와 예술적 상상력의 창조적 속성에 대해 고찰한다. 나아가 최근에 온라인상의 예술품에 대해 저작권을 인정해 주는 NFT와 예술에 대해 다룬다.

제2장 AI와 과학적 상상력

과학적 가설을 수립하고 실험을 설계하는 데 AI의 역할과 가능성을 분석한다. 특히 과학적 상상력에서 통찰의 순간에 대해 살펴본다. 또한 발견의 열정과 설득의 열정이 과학적 상상력 가운데서도 작용하고 있음을 제시한다. 더 나아가 AI와 뇌 과학에 대해서도 다루고 있다.

제3장 AI와 철학적 상상력

AI가 인간의 사고 실험을 촉진하고, 윤리적 · 형이상학적 질문을 탐구하는 데 어떻게 기여하는지를 고찰한다. 먼저 AI와 상상력의 융합적 속성에 대해 살펴본 후에 인공지능과 인간, 인공지능 윤리에 관한 주제들을 다룬다.

제4장 AI와 종교적 상상력

AI가 종교적 경험을 분석하고 재해석하며, 영성과 윤리에 미치는 영향을 탐구한다. 특히 종교적 상상력과 의미 추구, 종교적 상상력의 양상, 그리고 종교적 상상력의 예언자적 속성에 대해 살펴본다.

제5장 AI와 교육적 상상력

융합, 초융합을 강조하는 4차 산업혁명 시대에 보다 적합한 전인적인 교육의 틀로 인식의 상상력(constructive imagination), 공감의 상상력(empathetic imagination), 비전의 상상력(visionary imagination)에 대해 살펴본다. 이 세 가지 상상력은 깨달음의 순간-'아하 모먼트'에 함께 작용한다. 이 상상력 중심의 교육 패러다임은 저자가 학위 논문에서 처음으로 디자인한 후에 계속해서 발전시켜 나가고 있다.

제6장 AI와 예술적 상상력 교육

AI 기반 도구들을 활용하여 예술 교육을 혁신하는 방법을 탐색한다. 특히 시잉 뮤직(Seeing Music), 스테이블 디퓨전(Stable Diffusion), 코파일럿(Copilot) AI 도구를 활용하여 어떻게 예술적 상상력-음악적, 미술적, 문학적 상상력-을 키워 갈 수 있을지 '사랑'을 주제로 한 활동을 통해 모색해 본다. AI를 활용하여 예술적 상상력을 함양하고자 하는 교육은 예술의 놀이적, 창조적 속성을 담지하고 있다.

제7장 AI와 과학적 상상력 교육

AI가 과학 교육에서 창의적 문제 해결과 탐구 학습을 촉진하는 방법을 다룬다. 특히 GPT 빌더, 픽토리(Pictory), 로블록스 스튜디오(Roblox Studio) AI 도구들을 활용하여 '환경'을 주제로 과학적 상상력을 함양하는 활동들을 제시한다.

제8장 AI와 철학적 상상력 교육

AI를 활용하여 철학적 사고를 교육에 접목하는 방법을 제안한다. 특히 오토드로(Autodraw), 사이스페이스(Sci-Space), 패들렛(Padlet) AI를 활용하여 'AI와 인간', '인공지능 윤리'의 주제를 중심으로 철학적 상상력을 키울 수 있는 교육 활동을 제시해 본다.

제9장 AI와 종교적 상상력 교육

AI가 종교 교육에서 신학적 논의와 윤리적 성찰을 돕는 방식을 다룬다. 특히 퍼플렉시티(Perplexity), 수노(Suno), 띵커벨 AI 도구들을 활용하여 '평화'를 주제로 종교적 상상력을 함양할 수 있는 방식들을 제안한다.

제10장 AI와 교육적 상상력 함양

AI를 활용한 학습 모델을 개발하고, 학생들의 창의적 사고를 극대화하는 방안을 제안한다. 챗GPT AI를 통해 인식의 상상력을 함양하고, 딥스토리(Deepstory) AI를 사용하여 공감의 상상력을 키우는 방법을 제시한다. 또한 애니메이티드 드로잉스(Animated Drawings) AI를 활용하여 비전의 상상력을 증진할 수 있는 활동을 제안한다. 더 나아가 이 AI 도구들을 활용하여 '통일'을 주제로 교육적 상상력을 함양할 수 있는 방법을 모색하고 있다.

이 책은 AI와 상상력 교육의 접점을 심도 있게 탐구하며, AI가 단순한 정보 처리 도구를 넘어서서 인간의 창의성을 촉진하는 중요한 도구임을 강조한다. AI와 함께하는 교육은 단순한 지식과 기술 습득을 넘어서서 상상력을 확장하고 새로운 사고방식을 함양하는 과정이다. 또한 AI는 교육 환경을 더욱 창의적이고 역동적으로 변화시키는 역할을 한다. 예술 분야에서는 AI가 창작의 도구로 활용되며, 과학 분야에서는 혁신적인 실험 설계와 분석을 돕는다. 또한 AI는 철학적 사고를 촉진하며, 종교적 통찰력을 제공하고, 교육의 새로운 패러다임을 제시한다. AI와 상상력의 만남이 교육 현장에서 어떻게 적용될 수 있을지, 그리고 이것이 미래 교육의 방향을 어떻게 변화시킬 수 있을지 주목할 필요가 있다. 이 책이 독자들에게 유익한 통찰과 실질적인 가이드를 제공하길 바란다.

01
AI와 예술적 상상력

예술적 상상력은 현존하는 실재를 넘어서서 아이디어와 감정, 경험을 새롭게 표현하는 능력이다. AI 메타버스는 이러한 예술적 상상력의 놀이적 성격을 담지하고 있다. AI는 다양한 방식으로 예술적 상상력을 함양하며 창조성이 발현될 수 있도록 지원한다. 더 나아가 NFT는 디지털 예술 작품에 대하여 소유권을 부여하는 것으로 예술적 상상력이 전통적인 틀을 넘어서서 더욱 융성하게 될 수 있는 장을 제공한다.

AI와 1인 창업?

예술적 상상력과 놀이, 인공지능 메타버스

교육에서 예술과 상상력은 한 인간을 형성해 가는 데 유용한 교수-학습 방식으로 활용될 수 있다. 상상력은 일종의 놀이의 성격을 지니고 있다는 점에서 새로운 창조를 위해 자유롭고 활발한 정신 활동 속으로 들어가는 예술과 상통하는 면이 있다. 진중권은 상상력을 전형적인 질서를 벗어나서 자유롭게 유희하는 것으로 본다. 상상은 정신의 놀이인 것이다. 마리아 해리스도 예술은 때로 비생산적일 수 있으며 놀이 감각을 필요로 한다고 여긴다. 천국에 들어가기 위해서는 어린아이가 되어야 한다는 성서의 말씀처럼, 폴 비릴리오에 의하면 상상력의 세계는 어린아이로 회귀하고자 하는 성숙한 자만이 들어갈 수 있는 초록빛 낙원이다. 우리는 놀이 속에 빠져 있을 때 다른 시간, 다른 공간을 경험한다.

한편 인공지능 메타버스는 일종의 놀이 공간을 창출하며 예술적 상상력을 함양하기 위해 활용될 수 있다. 인공지능 메타버스는 교육의 교수-학습 현장에서 보다 생생한 학습을 가능하게 하는 등의 많은 함의를 지니고 있다. 최근 전 세계적으로 영향을 미친 코로나 펜데믹은 현실과 가상의 경계를 약화하는 데 기여했다. 우리의 일상에 더욱 깊이 다가오고 있는 메타버스의 세계는 우리의 삶의 방식에도 변화를 가져오고 있다. 메타버스는 meta(초월)와 universe(우주, 세상)의 합성어이며, 현실 세계를 초월한 그 무엇, 세상 너머의 세상을 뜻한다. 메타버스는 가상 현실의 세계이며 현실과 상호작용하고 있다. 현실이 메타버스에 영향을 미치기도 하지만 역으로 메타버스의 청사진들을 통해 현실을 만들어 나가게 될 가능성도 존재한다. 메타버스 플랫폼은 네트워크, 콘텐츠, 디바이스 등이 연결되어 있는 가상과 현실이 융합되어 있는 생태계다.

마크 저커버그는 메타버스를 인터넷, 곧 사람들과의 연결이라고 표현한다. 인터넷에서의 커뮤니티는 카페 → 싸이월드 → 페이스북 → 인스타그램으로 변화함에 따라 정보의 내용을 넘어서서 정보를 제공하는 사람에 보다 집중되는 경향이 있다. 즉 '무엇'을 넘어서서 '누구'에 주목하고 있는 것이다. 커뮤니케이션의 관점에서 메타버스는 자신이 참여하고 다른 사람과 소통하며 공감하는 가상 놀이 공간이라고 할 수 있다.

메타버스에는 인공지능의 기술이 유용하게 활용될 수 있다. 예컨대 인공지능은 딥러닝이나 머신러닝을 통해 풍부한 데이터를 학습함으로 메타버스의 공간을 현실과 유사하게 구성해 낼 수 있다. 또한 인공지능은 메타버스에서 사람과 비슷한 캐릭터를 만들어 내거나 자연스러운 동작들을 구사하는 것을 가능하게 한다. 인기가 있는 메타버스는 손쉽게 접속할 수 있는 휴대성, 샌드박스라고 불리는 자율성, 그리고 참여자도 수익을 얻을 수 있는 플랫폼을 갖추고 있다는 특징이 있다. 또한 메타버스에서 다양성과 포용성은 중요한 요소다. 메타버스의 사용자들이 직접 게임 속의 도구들을 활용해 게임의 무대를 재창조할 수 있는 '마인크래프트'나 '동물의 숲'과 같은 게임도 있다. 또한 크로스 플랫폼은 서로 다른 플랫폼을 사용하고 있는 사람들과 함께 게임을 즐길 수 있게 한다. 한편 메타버스는 다양한 사람들이 찾아와 서로 만나서 경험을 나누고 경제활동도 하는 '난장'과 같은 축제 공간이 될 수도 있다. 더 나아가 메타버스는 농인과 같은 장애인들에게 특화된 공간으로 디자인될 수도 있다. 메타버스가 참여자에게 보다 큰 행복감을 가져다주기 위해서는 자신만의 새로움을 부여할 수 있는 창의성의 측면이 포함되면 좋을 것이다. 또 메타버스는 재미와 의미의 측면을 담지할 필요가 있다. 교육에서도 이러한 인공지능 메타버스의 특징을 살려서 학습자가 참여할 수 있는 공간을 창출할 수 있는 메타버스를 개발한다면 학습자들의 창의성과 예술적 상상력을 키워 가는 데도 도움이 될 것이다.

예술적 상상력과 창조성의 발현

예술적인 상상력은 새로움 혹은 독특함을 추구한다. 인간의 내면에는 창조의 충동이 있으며, 이는 삶의 전반에 걸쳐서 드러난다. 이 창조의 순간은 때로 강렬한 섬광과 같은 순간에 비유되기도 한다. 존재의 생성은 종이접기에서 펼치기에 비유할 수 있는 반면 불꽃놀이와 같은 사라짐은 가장 원초적인 놀이를 함축한다. 아도르노는 불꽃놀이를, 최상의 완성의 순간에 눈앞에서 다시 사라져 간다는 점에서 예술의 가장 완전한 형태로 간주한다. 최근에는 감성 지수, 비주얼 지수, 창의력 지수와 같은 역량이 강조되는 것과 더불어 예술가적 지수라는 개념도 떠오르고 있다. 교육의 현장에서도 창조성이 발현할 수 있는 분위기가 조성될 때 새로운 이해, 시야, 상상이 가능해질 것이다.

교육에서 교사의 역할은 학습자를 깨달음의 순간으로 인도하는 것이라고 할 수 있다. 자유로운 놀이와 같은 상상력의 작용 속에서 일종의 깨달음의 순간이 경험될 수 있다. 진중권은 상상력의 노마돌로지가 직관의 모나놀로지, 즉 갑작스러운 깨달음으로 이어진다고 언급한다.

이러한 상상력의 작용 가운데 형성된 일종의 모나드는 온 우주를 담고 있는 개별자라고 할 수 있다. 더 나아가 교사의 역할은 예술을 통하여 학습자들이 이미 인식하고 있거나 알아 가고 있는 내용에서 의미를 발견할 수 있도록 도와주는 것이다. 마리아 해리스는 예술적 형태의 매개체는 교육적 형태의 매개체가 될 수 있음을 언급한다. 예술은 대지의 구체적인 자료와 관계 맺는 행위다. 툴리에 의하면 미술은 자신과 정체감, 세계에 대한 새로운 지식으로 열리는 새로운 의식적 출구로 인도하며 일종의 놀이터를 제공한다.

AI는 새로운 아이디어와 다른 관점을 제시함으로 예술적 상상력에 창조적인 순간을 창출한다. 예를 들면 AI는 예술 창작 과정에 예기치 않은 패턴과 색의 조합을 제공하여 전형적인 사고로부터 자유롭게 하며 새로운 창조적 순간들을 생성해 낼 수 있다. 예술 창작자의 직관은 AI 도구들과 참신한 형태의 파트너십을 형성하면서 독특한 창조성의 아하 모먼트를 출현시킬 수 있다.

예술과 NFT

NFT(Non-Fungible Token)는 예술과 연계되어 디지털 시대에 새로운 창작과 소유의 개념을 만들어 내고 있다.

NFT는 주로 블록체인을 활용하며 예술 작품의 진위성이나 소유권을 나타내는 일종의 디지털 자산이다. 블록체인은 NFT의 창출, 양도, 보증에 관여하는 디지털 인프라이다. NFT는 예술가의 디지털 작품에 대하여 소유권을 부여함으로써 예술적 상상력을 더욱 활발하게 펼쳐 나갈 수 있게 한다.

더 나아가 NFT는 예술가와 AI의 협업, 혹은 AI에 의해 생성된 예술 작품을 위한 역동적인 디지털 시장을 창출할 수 있다. 각각의 NFT는 디지털 예술 작품, 비디오, 음악, 혹은 그 밖의 디지털 창작품과 연계될 수 있는 독특한 가치를 지니고 있다. 또한 NFT는 블록체인에 저장되어 소유권을 양도할 수 있고, 소유권과 자산의 역사를 추적할 수 있는 투명성과 진위 보증성을 지니고 있다. 더 나아가 NFT 작품들은 다양한 플랫폼 혹은 디지털 시장에서 거래될 수 있다. 이처럼 NFT는 예술, 기술, 디지털 소유권의 개념과 연결되어 예술적 상상력을 활성화하는 데 도움을 준다.

참고문헌

김난예 외(2022). 포스트코로나 시대에 신앙양육의 방향성. ≪미래세대와 기독교교육≫. 한국기독교교육학회.

김지현(2020). 『인공지능과 인간의 대화』. 미래의 창.
문은영(2023). 상상력의 다의적 함의와 기독교교육. ≪기독교교육정보≫. 76집, 267 – 291.
우운택 외(2022). 『포스트 메타버스』. 포르체.
유인호 외(2022). 『NFT 투자의 정석』. 한스미디어.
윤영달(2014). 『AQ 예술지능』. 이아소.
이임복(2023). 『챗GPT: 질문하는 인간, 답하는 AI』. 천그루숲.
진중권(2020). 『놀이와 예술, 그리고 상상력』. 휴머니스트.
Harris, M.(2000). *Teaching and religious imagination: An essay in the theology of teaching*. HarperSanFrancisco.

02
AI와 과학적 상상력

AI는 과학적인 가설을 생성하고, 방대한 데이터를 분석하며 실험을 디자인함으로 과학적 상상력을 함양할 수 있다. 과학적 상상력을 통해 대안적인 물리 법칙을 모색해 가는 과정에서 창의성이 발현된다. 또한 과학적 상상력을 펼쳐 나가는 데 발견과 설득의 열정이 작용한다. 더 나아가 뇌 과학과 신경 과학은 AI와 인간의 사고 과정을 과학적으로 탐색해 가는 데 심오한 통찰력을 던져 준다.

AI와 MBTI?

과학적 상상력과 창의력

교육의 교수-학습 과정은 예술적 상상력뿐만 아니라 과학적 상상력도 내포한다. 예술과 마찬가지로 과학적인 작업도 잠재태로 있는 것을 실제적으로 존재하게 하는 방식으로 이루어진다고 할 수 있다. 과학과 예술은 둘 다 표상(representation)을 추구한다. 과학에서 표상은 자연의 참된 이해에 도달하고자 한다. 원래의 자료를 과학적으로 의미 있는 현상으로 해석하는 과정에서 창의적 상상력이 작용한다.

창의력은 흩어져 있는 다양한 요소들을 종합하여 새로운 의미를 부여하는 능력을 의미한다. 창의적인 사람은 타인이 보지 못하는 것을 보고, 숨겨진 연관 관계를 통찰한다. 즉 '다름'에서 '닮음'을 보는 능력이라고 할 수 있다. 창의적인 사람은 융통성 있게 상상과 현실에 바탕을 둔 의식 사이를 자유롭게 오가는 모습을 보여 준다. 예컨대 과학적 상상력과 관련하여 르베리에는 펜 끝으로 행성을 발견한 사람으로 알려져 있다. 과학 연구의 과정에도 선택의 순간들이 자주 찾아오며 지혜로운 선택을 위해 상상력과 이성적인 분석이 필요하다. 교육의 교수-학습 과정에서도 과학적 상상력이 담지하고 있는 이성과 상상력의 역동성을 담아낼 필요가 있을 것이다.

과학적 상상력은 본질적으로 현존하는 과학적 지식을 넘어서서 새로운 가능성을 탐색한다는 의미에서 창의력과 깊은 연관성을 지니고 있다. 마이클 폴라니는 객관성을 강조하는 과학적 탐구 방식에서도 가설을 설정하는 등의 주관적인 요소들이 스며들어 있음을 강조한다. 이처럼 과학적 상상력은 객관성뿐만 아니라 주관성도 내포하고 있다. 과학자들은 종종 기존의 이해에 도전하는 시나리오를 상상해 낸다. 예컨대 상대성 이론을 그려 낸 아인슈타인의 과학적인 사고 실험은 이를 보여 준다. 더 나아가 기술의 발전에서 새로운 발명을 하는 과학적 상상력은 창의력의 활발한 작용을 반영하고 있다. 아울러 쿤의 수렴적, 발산적 상상력은 상상력의 확장 모드를 보여 준다. 이 두 가지 상상력을 잘 종합해 내는 과정에서 과학적 창의력이 생겨난다.

AI는 딥러닝을 통하여 복잡한 과학적 시스템 가운데 내재하는 숨겨진 패턴을 포착해 냄으로써 과학적 상상력을 촉진한다. 딥러닝은 높은 수준의 추상화를 지향하는 기계 학습 알고리즘이다. 딥러닝은 수많은 층으로 구성된 신경망을 통하여 심층 학습을 가능하게 한다. 딥러닝은 아마존 에코와 구글의 음성 인식 시스템을 가능하게 한 기술이다. 한편 과학 혁명을 위해 필수적인 사고 실험은 상상력을 요청한다. AI는 기후 변화 모델 등 인간의 역량을 넘어서는 조건들을 탐색하는 데 도움을 주어 과학적 상상력과 창의력을 활성화한다. 또한 AI는 과학의 다양한 영역들을 가로지르는 연구를 가속화하여 혁신적인 통찰을 가져오는 데 기여할 수 있다. 예컨대 AI와 신경 과학의 연구는 뇌 신경망과 AI 간에 서로 피드백의 순환 작용을 형성한다. 이처럼 AI는 과학적 상상력과 창의력을 증진하는 데 도움을 준다.

발견과 설득의 열정

과학적 상상력에는 발견과 설득의 열정이 잠재되어 있다. 과학적 상상력은 가능한 과학적인 가설들을 그려 내며, 그 과정에서 발견의 열정은 진리를 향한 추구를 가속화한다. 또한 설득의 열정은 새로운 과학적 지식을 정립하고 의사소통을 해 나가는 데 필요하다. 발견의 열정은 깊은 지성적 호기심과 불확실성에도 불구하고 발견을 위해 헌신하는 과학자들의 열정을 의미한다. 또한 설득의 열정은 새로운 과학적 아이디어와 이론, 패러다임을 다른 사람들에게 확신시키려는 열정이다. 때때로 과학적 진보는 반대에 직면하기도 하지만 연구자는 자신의 통찰을 옹호하며 효과적으로 의사소통하려는 설득의 열정을 통해 과학적 패러다임의 전환을 이루어 낸다.

과학 철학자인 마이클 폴라니는 과학에서 이와 같은 발견의 열정과 설득의 열정을 중시한다. 그는 과학적 열정과 발견이 궁극적으로 지성적 미에 대한 감각에 의존한다고 여긴다. 폴라니는 '인격적 지식(personal knowledge)'이라는 개념을 통해 과학적인 발견의 과정에서도 관찰자의 열정과 상상력 등의 주관적인 요소들이 작용한다는 점에서 엄밀한 객관성을 담보하는 데 어려움이 있음을 시사한다. 또한 하이젠베르크의 불확정성의 원리나 양자 역학도 과학에서 절대적인 객관성을 견지하는 데 한계가 있음을 보여 준다. 한편 칙센트미하이에 의하면, 연구 분야에서는 중요한 문제를 파악하는 통찰력과 연구 결과를 사람들에게 효과적으로 이해시키고 설득하는 소통 능력이 중요하다. 더 나아가 교육의 영역에서도 교수-학습 과정은 지속적으로 새로운 진리를 추구해 간다는 점에서 발견의 열정이 필요하다. 또한 자신이 깨달은 진리를 다른 이에게 전하려는 설득의 열정이 필요하다는 점에서 교육은 과학적인 연구 모드와 상통하는 면이 있다.

인공지능은 데이터에 기반한 발견을 통해 획기적인 질문을 제기하고 이에 대한 새로운 통찰력을 추구하는 과학자의 발견의 열정을 지원한다. 또한 인공지능은 논쟁을 촉진함으로 과학적인 담론에 다른 사람들을 이해시키려는 설득적 열정을 활성화한다. 이처럼 AI는 과학적 발견과 문제 해결, 의사소통에 관여해서 발견과 설득의 열정을 진작하며 과학적 상상력을 함양한다.

AI와 뇌 과학

인공지능과 뇌 과학은 긴밀한 관계성 속에서 상호작용하며 서로 영향을 끼친다. 인공지능의 모델들은 종종 신경 과학에 대한 이해를 바탕으로 개발된다. 반면에 인공지능의 발전은 뇌 과학의 연구를 심화하는 데 도움을 준다. 인공지능은 뇌 과학, 신경 과학의 영향을 많이 받고 있으며 신경 과학을 중심으로 인공지능 시스템을 개발해 나가는 것은 창의력, 의식, 꿈과 같은 인간 뇌의 신비를 밝히는 데도 도움이 된다. 브라이언 존슨(Bryan Johnson)은 인간의 뇌가 4차원, 5차원, 10차원까지도 확장될 수 있다는 것을 알아낼 수도 있을 것이라고 예측하기도 한다.

더 나아가 인간의 인지 능력을 함양할 수 있는 뇌-기계 인터페이스가 개발되고 있다. 인공지능에 기반한 뇌-기계 인터페이스 연구는 신경 작용을 언어와 이미지로 변환하여 어떻게 사고가 구성되는지에 대한 통찰력을 제공한다. 과학은 세상을 탐구하며, 공학은 세계를 만들어 간다. 현대 과학과 공학의 핵심에 놓여 있는 인공지능은 인간의 마음과 연관된 실험이며 우리 삶의 모든 영역에 영향을 끼친다. 인공지능은 일종의 '확장된 지능(augmented intelligence)'이라고 할 수 있으며, 지능은 지각, 추론, 계획 능력 등을 포함한다. 인공지능은 인류의 잠재력에 대한 상상력을 일깨울 수 있으며 생명체의 한 종인 인류는 스스로 도태되지 않기 위해 업그레이드되어야 할 것을 주장하는 이도 있다.

신경 기술은 뇌 연구를 통하여 뇌의 기능을 복제하거나 뇌와 상호작용하는 기술을 향상했다. 또한 신경 기술은 정보를 추출하고 감각을 확대하며 행동을 변화시키는 데 도움을 줄 수 있다. 인공지능은 신경 과학, 뇌 과학의 영향을 많이 받았으며, 인간 두뇌의 여러 요소들을 기계의 지능에 반영할 수 있는 아이디어들이 많이 있다. 한편 AI가 결론을 도출하기까지 거치는 계산 과정이 복잡해서 인간이 지속적으로 인내심을 가지고 지켜보기가 쉽지 않다. 이는 AI가 만들어 낼 새로운 블랙박스라고 할 수 있다. 기계는 복잡한 작업을 학습하고 추론하며 사람과 로봇 사이에 인터페이스를 향상하며 이를 통해 새로운 로봇을 효율적으로 설계하고 제작할 수 있게 한다.

참고문헌

〈나는 미래다〉 방송 제작팀(2020). 『인공지능의 현재와 미래』. 권용중 번역. 양훈모 감수. 보이스 출판사.

문은영(2023). 상상력의 다의적 함의와 기독교교육. ≪기독교교육정보≫. 76집, 267 – 291.

박태웅(2023). 『박태웅의 AI 강의』. 한빛비즈.

이상욱(2019). 『과학은 이것을 상상력이라고 한다』. Humanist.

일본경제신문사(2019). 『AI 2045 인공지능 미래보고서: AI와 인간이 공존하는 세상의 시작』. 반니.

Ford, M.(2018). *Architects of intelligence*. Packt.

Polanyi, M.(1974). *Personal knowledge: Towards a post-critical philosophy*. University of Chicago Press.

Schwab, K.(2018). *Shaping the future of the fourth industrial revolution: A guide to building a better world*. Penguin Group.

03
AI와 철학적 상상력

AI는 상상력의 구성적 작용을 촉진하며 새로운 관점을 제시하는 방식으로 철학적 상상력을 함양한다. 철학적 상상력은 인간의 원초적인 능력으로서의 상상력과 이성의 발달이 상상력의 작용 위에서 이루어진다는 점을 함축한다. 철학적 상상력은 융합의 특성을 지니고 있다. 또한 'AI와 인간', '인공지능의 윤리'는 인공지능과 관련하여 철학적 상상력을 키울 수 있는 적절한 주제다.

AI와 난임 극복?

AI와 상상력의 융합적 속성

AI는 실재와 경험을 새로운 방식으로 연결해 융합적 속성을 지니고 있는 상상력을 함양한다. 철학적 상상력의 관점에서 융합의 순간(unifying moment)은 인식과 경험에 획기적인 돌파구(breakthrough)를 마련해 준다. 상상력은 조합의 능력을 의미하며 다양한 요소들을 결합해 주는 아교의 역할을 한다. 교육에서 교수-학습 과정이 기존의 지식과 경험에 새로운 지식과 경험이 융합된다는 점에서 상상력은 풍부한 함의를 지닌다. 칸트에 의하면 상상력(Einbildungskraft)은 '하나로 만들어 내는 힘' 혹은 '어떤 상을 만들어 내는 힘'을 의미한다. 즉, 상상력은 구상력 혹은 구성력을 함축한다. 칸트에게 상상력은 직관의 다양성을 종합하는 능력이며, 대상의 현존 없이도 대상을 직관하는 능력이라고 할 수 있다. 그는 상상력의 자유로운 유희에 대해 언급한다. 칸트는 대상에 대해 규정적 태도를 넘어서서 반성적 태도로 다가갈 때 상상력과 지성이 자유로운 유희(das freie Spiel)를 하게 된다고 언급한다. 그는 대상이 상상력을 활성화해서 감관에 주어진 다양한 내용을 종합하며, 상상력이 지성을 활성화해서 이 다양한 내용을 개념적으로 종합한다고 여긴다. 칸트에 의하면 상상력은 개념의 표징과 대상의 형태를 수시로 상기하고 재생할 수 있게 한다. 여기에서 지성과 상상력이 일치할 때 만족감이 생겨나며 이러한 감성적 판단은 주관적이면서도 보편성을 지니고 있다. 이러한 의미에서 칸트는 예술에서의 미도 일종의 목적 있는 합목적 정서의 근거 위에서 이루어진다고 여긴다. 더 나아가 칸트는 숭고의 감정에서 모든 감관을 넘어서는 마음의 능력을 발견한다. 그의 숭고의 감정에 대한 이해는 상상력이 종교성에 연루될 수 있는 가능성을 열어준다.

한편 상상력과 인공지능은 융합적 속성을 지니고 있다는 점에서 서로 공명한다. 인공지능 기술은 융합적 속성이 크기 때문에 각 모델은 여러 기술과 결합하는 방식으로 새로운 가치를 만들어 낼 수 있다. 예컨대 AI 어시스턴트는 스피커를 넘어서서 로봇 청소기, 냉장고, 자동차 등의 사물 인터넷 기기 등에 장착됨으로 AI 플랫폼을 다져 가고 있다. 또한 취침 전에 "굿 나잇"이라고 AI 어시스턴트에게 말하면 불이 꺼지고, 공기 청정기가 수면 모드로 바뀌며 에어컨은 30분 후에 꺼지게 할 수 있다. 미리 상황에 맞추어 프로그래밍된 매뉴얼에 따라 여러 가지 작업이 동시에 작동하게 되는 것이다. 더 나아가 AI 플랫폼이 효과를 거두기 위해서는 스마트홈 서비스 등

기존의 인터넷 서비스 플랫폼에서 제공하지 않은 기능을 개발해 갈 필요가 있다. 또한 많은 제휴사와 연결되어 서비스를 개선해 가는 노력이 필요하다.

4차 산업혁명은 정보 통신 기술의 발달로 인하여 다양한 기술이 연결되고 융합되어 새로움을 창조하는 '초연결(hyper connectivity)'과 초지능(super intelligence)의 시대로 여겨진다. 이러한 융합의 특성은 '플랫폼'이라는 형태로 출현하기도 한다. 예컨대 구글, 애플, 트위터, 아마존, 페이스북과 같은 세계적인 기업들은 자신들만의 플랫폼을 기반으로 발전해 가고 있다. 더 나아가 플랫폼 유형의 업체들은 온라인과 오프라인을 연결하는 O2O 플랫폼의 형태를 갖추는 경향이 있다. 예를 들면 배달 서비스를 제공하는 푸드플라이나 스마트폰으로 택시를 호출할 수 있는 카카오택시, 세계 전역의 숙박업체를 연결하고 이용하도록 한 에어비앤비 등은 O2O 플랫폼 모드를 보여 주고 있다. 교육의 영역에서도 온오프(on-off) 플랫폼의 장점을 최대한 살려서 교수-학습 과정에 응용해야 하리라 여겨진다. 더 나아가 4차 산업혁명 시대는 거의 모든 것에 부착된 센서들이 서로 네트워크로 연결되는 초연결 사회(hyper-connected society)가 될 것으로 여겨진다. 이처럼 모든 것이 네트워크에 접속되어 있는 것을 IoT(Internet of Things)라고 부른다. 이를 미래창조과학부가 '사물 인터넷'이라고 부르는 데 반해 이 인식은 그럴 경우에 만물의 영장인 인간이 제외되는 뉘앙스가 있다는 이유로 '만물 인터넷'이라는 용어를 선호한다. 교육의 영역에서도 만물 인터넷은 학습자, 데이터, 사물, 프로세스 등을 연결하여 최적의 학습 환경을 조성하는 데 도움을 줄 수 있다.

인공지능 vs. 인간

인공지능의 발달은 인간을 이해하는 데 심오한 변화를 가져올 것으로 여겨진다. 인간 이해에서 이러한 변화들은 특히 어떤 인간을 키워내야 할 것인가를 고민하는 교육의 영역에 심대한 영향을 미칠 것이다. 4차 산업혁명 시대는 인간과 인공지능이 공존하는 시대가 되리라고 예견된다. 인공지능은 인간의 감정 기능까지도 담아내며 점차 인간화되고 있다. 반면에 인간은 이성을 강조하는 계몽주의를 경험하며 주체와 객체의 간극이 깊어지면서 점차 비인간화, 기계화되고 있다는 통찰이 있다. 더구나 정신적인 측면뿐만 아니라 물리적으로도 컴퓨터 칩이나 인공 장기 등이 인간의 몸속에 삽입되면서 기계화되어 가는 인간의 모습을 발견할 수도 있다. 더 나아가 인간의 신체적인 면, 정신적인 면에서 그 능력을 함양하기 위한 첨단 장치들의 개발로 인하여 증강 인간(human augmentation)도 출현할 것으로 예측된다. 이처럼 4차 산업혁명 시대에는 기계의 인간화, 인간의 기계화가 일어나고 있는 추세다. 점점 인간화되어 가는 인공지능은 특이점(the singularity)을 넘어서게 되면 인간의 능력을 뛰어넘어 신의 영역까지 넘나들 수 있는 잠재력을 지니고 있다고 한다. 예를 들면 호모 로보티쿠스는 로보 사피엔스로 여겨지는 로봇형 인간이라고 할 수 있다. 이는 인류 지성의 총합을 넘어서는 지점인 특이점(singularity)을 넘어서는 로봇의 유형이라고 볼 수 있다.

한편 인공지능과 인간 두뇌는 정보를 수용하고 그것을 기호 처리하는 유사한 메커니즘을 지니고 있다. 뇌는 유기체의 행동 주체라고 할 수 있는데, 인공지능이 이러한 인간의 뇌의 기능을 복제함에 따라 앞으로 인간 이해에서 생물학적, 사회학적인 독특성을 어떻게 담지해 낼 수 있을지에 관한 담론이 생겨날 수도 있다. 이처럼 인공지능의 발달은 인간 존재의 의미에 관한 문제의식을 야기한다. 철학적인 관점에서 인간은 사고하는 존재로 여겨져 왔는데, 인공지능 또한 인간의 고유한 사고 능력을 복제하며 심지어 인간을 능가하는 사고력을 지닐 가능성도 농후하기 때문이다.

더 나아가 인공지능에 비하여 인간 고유의 영역을 유머, 유한성, 죽음 등에서 찾으려는 움직임도 있는 듯하다. 예를 들면 〈바이센테니얼 맨〉이라는 영화에서는 인간과 같아지고 싶어 하는 인공지능 로봇에게 실수도 해 보고, 사고도 쳐 보라고 조언하는 장면이 나오기도 한다. 이러한 관점에서 인간의 연약함과 불완전성은 인간다움의 한 측면이 될 수도 있을 것이다. 또한 철학적 사고는 인공지능을 넘어서는 인간의 고유한 능력으로 여겨진다. 더 나아가 AI와 구별되는 인간의 고유한 특성을 공감 능력과 창조적 상상력에서 찾기도 한다.

인공지능이 발달함에 따라 인간과 로봇이 공존할 수 있는 다양한 유형이 예측되고 있다. 첫째로 로봇이 인간을 섬기는 역할을 담당하는 주종 관계, 둘째로 로봇이 인간보다 뛰어난 지능을 지니게 되어 인간을 지배할 가능성, 셋째로 인간과 인공지능이 서로 도우면서 협력하는 공생 관계가 있다. 이러한 가능성들을 직감하면서 슈바프는 4차 산업혁명은 인간 중심적이며 인간 주도적인 방향으로 나아가야 함을 역설한다. 그는 인간 중심의 접근을 통하여 신기술이 보다 의미 있고, 조화로운 소통을 이루어 가는 데 도움이 되어야 한다고 언급한다. 미래에는 인공지능의 발달로 인하여 인간이 단순하고 반복적인 노동을 넘어서 보다 창의적인 일에 집중할 수 있을 것이다. 그러나 인공지능이 많은 일들을 대체하게 되더라도 사람들 사이의 만남과 관계는 여전히 창조적인 중요성을 지니게 될 것이다. 교육에서도 인공지능이 함의하고 있는 다양한 의미들을 감지하면서 따뜻한 인간성을 함양하는 만남과 관계의 문제에도 관심을 기울여야 할 것이다.

인공지능 윤리

인공지능의 발달은 미래에 일반 인공지능, 더 나아가 초지능이 도래할 것이라고 예견하게 한다. 일반 인공지능 혹은 강인공지능은 다양한 일들을 감당할 수 있는 인간 수준의 지능이며 초지능은 인간을 뛰어넘는 고차원적인 사고 능력을 지닌 인공지능이다. 레이 커즈와일은 AI가 인간의 지능을 추월하는 미래가 2045년에 찾아올 것이라고 예측한다. 이 시점을 특이점(singularity)이라고 하는데, 그때에는 AI가 스스로 AI를 제작하며 사람의 뇌를 컴퓨터에 재현할 수도 있을 것이라고 여겨진다. 인공지능이 특이점을 넘어서면 인간의 통제를 벗어날 수 있고, 잠재적으로 많은 위험성을 내포하고 있다고 지적한다.

예컨대 올트먼은 인공지능이 선과 악을 내포하고 있으며 빛과 어둠이 충돌하면서 지구를 파괴해 가는 우주적 춤을 출 것이라고 묵시적으로 표현한다.

한편 인공지능이 학습하는 데이터는 인간의 편견이 담겨 있을 가능성이 있으며 이는 인공지능의 편향성을 야기한다. 또 서로 연결되어 있는 자동화 시스템은 해킹과 사이버 공격에 취약하다는 점에서 인공지능은 위험성을 내포하고 있다. 또 사생활 보호, 선거 및 유권자 조작, 군사 무기 사용에 활용될 가능성 등의 문제가 있다. 우리가 만든 인공지능이 인간의 목표, 가치와 일치되지 않는다면 인간의 능력을 초월한 인공지능이 자신들만의 목표와 가치를 추구해 나갈 가능성도 존재한다.

반면에 인공지능은 우리를 일상적인 업무로부터 자유롭게 해서 보다 흥미 있고 의미 있는 영역에 집중할 수 있게 한다. 또한 인공지능은 생산성 향상에 긍정적인 영향을 끼칠 수 있으며 이는 경제의 양상에도 변화를 가져올 것이다. 인공지능은 풍부한 잠재성과 더불어 불확실성을 지니고 있으며 그 의미와 사회적 가치에 대해 숙고할 필요가 있다. 길 멜라메드는 앞으로 AI가 음성 명령에 따르는 1단계를 넘어서면 사람이 명령을 내리기도 전에 AI가 예측해서 행동하게 되리라고 언급한다. 인공지능의 시대에는 전략이 인간의 의도와 이해를 넘어서는 수준으로 나아갈 수 있다. 인공지능을 포함한 어떤 기술이든지 건강한 논쟁을 통해 분별해서 수용할 필요가 있는 것이다.

윤리적인 관점에서 인공지능을 바라보면서 개발 원칙들이 제시되고 있다. 예를 들면 사회적으로 도움이 되는 인공지능을 개발하며, 인류의 안전을 저해하지 말아야 한다는 것이다. 또한 인공지능은 인간의 통제하에 있어야 한다는 점이 제시되고 있다. 인공지능의 위험성을 줄이기 위해 적절한 안전장치와 사회적 규범을 마련할 필요가 있다. 또한 인공지능이 악용될 가능성을 고려할 때 AI가 어떤 문화와 어떤 집단에서 개발되는가도 중요하다. 인공지능 개발자들이 윤리적 가치를 지니고 공공선을 지향하는 로봇을 개발해 가고자 하는 노력이 필요할 것이다. 교육의 영역에서도 인공지능의 위험성을 인식하고 이를 최소화하며, 보다 건설적인 방향으로 활용할 수 있는 길을 모색해 가야 할 것이다.

참고문헌

김지현(2020). 『인공지능과 인간의 대화』. 미래의 창.

문은영(2020). 4차 산업혁명 시대의 교육적 함의와 상상력을 통한 신앙 양육의 패러다임. ≪기독교교육정보≫, 66집, 323 – 360.
박태웅(2023). 『박태웅의 AI 강의』. 한빛비즈.
우운택 외(2022). 『포스트 메타버스』. 포르체.
이랑 · 이화영(2018). 『청소년이 꼭 알아야 할 4차 산업혁명 새로운 직업 이야기』. DREAM RICH.
이상오(2014). 『상상력과 교육』. 강현출판사.
이인식(2017). 『4차 산업혁명은 없다』. 살림.
이지성(2019). 『에이트: 인공지능에게 대체되지 않는 나를 만드는 법』. 차이정원.
일본경제신문사(2019). 『AI 2045 인공지능 미래보고서: AI와 인간이 공존하는 세상의 시작』. 반니.
정두희(2019). 『3년 후 AI 초격차 시대가 온다』. 청림출판사.
Ford, M.(2018). *Architects of intelligence.* Packt.
Kant, I.(1998). *Critique of pure reason.* Translated by Paul Guyer & Allen W. Wood. Cambridge University Press.
Kissinger, H., et al.(2021). *The age of AI and our human future.* Little, Brown and Company.
Lord, B. & Velez, R.(2014). *Converge: Transforming business at the intersection of marketing and technology.* John Wiley & Sons.
Pentland, A.(2015). *Social physics: How social networks can make us smarter.* Penguin Books.
Schwab, K.(2018). *Shaping the future of the fourth industrial revolution: A guide to building a better world.* Penguin Group.

04
AI와 종교적 상상력

인공지능은 방대한 자료를 바탕으로 경전에 대한 재해석, 새로운 통찰력, 다양한 종교 경험 등을 제공하여 종교적 상상력을 함양한다. 종교적 상상력은 성스럽고 초월적인 차원과 접촉하는 인간의 능력이며, 인생의 의미와 목적을 추구하고, 더 나아가 대안적 비전을 제시하는 예언자적 속성을 지니고 있다. 또한 종교적 상상력은 인간의 영성과 윤리를 형성하는 창조적인 힘이다.

AI와 사주?

종교적 상상력과 의미 추구

종교적 상상력은 가치에 중점을 둔다는 점에서 예술적 상상력, 과학적 상상력과 구별될 수 있다. 종교적 상상력에 대해 깊이 이해하는 것은 교육 현장에 상상력의 생동성을 불어넣는 데 구체적으로 도움을 줄 수 있다. 폴 틸리히에 의하면 종교는 자아와 세계에 대한 의미, 소외, 유한성에 대한 궁극적인 관심이다. 또한 개럿 그린은 신앙을 충실한 상상(faithful imagination)이라 여긴다. 이는 믿음이 지니고 있는 보이지 않는 것을 그려 내고 신뢰하는 힘과 연관이 있는 듯하다. 마리아 해리스에 의하면 종교는 상상력을 조율하고 심화하며 구분하고 지도하는 방식을 제공한다. 더 나아가 오코너는 상상력이 인간 무의식의 심층과 무한한 우주를 연결하며 유한한 인간의 묵시적 운명의 차원을 드러낸다고 주장한다. 인공지능은 자아와 세계에 대하여 광범위한 통찰력과 가능성을 제시함으로써 종교적 상상력을 함양할 수 있다.

한편 자연 신학적 관점에서 사물을 깊이 의미 있게 보게 하는 상상적 공감을 통해서 신앙으로 인도될 수 있다. 더 나아가 신앙생활에서 성만찬에 참여하는 것은 그리스도의 몸 안으로 뛰어드는 것, 신의 상상력 가운데서 사는 것이다. 이 땅에는 신의 상상력을 품은 사람들과 공동체가 존재한다. 루이스는 종교가 그 문화의 상상력을 사로잡을 수 있는 더욱 참여적이고 설득적인 이야기를 할 수 있어야 한다고 역설한다. 다른 믿음이 다른 세계를 창조하는 것처럼 다른 상상력도 다른 세계로 인도한다. 인간은 상상력을 변화시켜 존재를 바꿀 수 있는 것이다.

한편 인공지능은 종교계에도 등장하고 있다. 예를 들어 중국 베이징 룽취안사에 있는 로봇 스님 센얼은 고승들의 엄청난 분량의 설법 데이터를 분석해 사람들의 질문과 고민에 대한 답을 제시한다. 실제 스님과 상담할 때보다 부담이 적어서 찾는 사람들이 많다고 한다. 또한 2017년에 독일에서는 인공지능 로봇 목사가 출현했다. 마음의 안식을 얻는 성스러운 공간에까지 AI가 들어오고 있는 것이다. 이처럼 인공지능은 다양한 방식으로 종교의 영역에 스며들며 종교적 상상력을 증진하고 있다.

종교적 상상력의 양상

교육은 학문의 특성상 인접 학문과 활발하게 대화하며 적용점을 찾아 나가는 경향이 있다. 마리아 해리스는 종교적인 상상력을 구상하는 데에 심리학적인 통찰을 적극적으로 수용하여 적용한다. 그녀는 휠라이트의 심리학적 네 가지 상상력을 종교 교육의 관점에서 재해석한다. 즉 심리학적인 상상력인 직면적(confrontative), 초연적(distancing), 합성적(compositive), 원형적 상상력(archetypal imagination)을 묵상적(contemplative), 금욕적(ascetic), 창조적(creative), 성례적(sacramental imagination) 상상력으로 변화시켰다.

묵상적 상상력은 새로운 가능성을 그려 보면서 깊은 성찰을 하는 능력을 의미한다. 금욕적 상상력은 절제, 자기 훈련, 영성 등을 통해 단순함과 초연함 등의 덕목을 키워 가는 능력이다. 또한 창조적 상상력은 참신한 사고, 개념, 혹은 가능성을 그려 내는 능력이다. 성례적 상상력은 물질세계가 신적이고 초월적인 실재를 드러낼 수 있음을 함축한다. AI는 영성의 여정에 적합한 음악, 스토리텔링, 상징, 신화 등을 생성해 냄으로써 묵상적, 금욕적, 창조적, 성례적 상상력을 함양할 수 있다.

더 나아가 해리스는 종교와 가르침과 상상력을 통합하려고 시도한다. 종교적 상상력은 신비, 역설, 모호성을 품고 있다. 마리아 해리스는 교육을 종교적 상상 행위로 이해하며 이를 세상을 재창조하는 힘으로 여긴다. 종교적 상상력은 교사와 학습자를 두 개의 분리된 개체라는 인식을 넘어서서 공동체로 이끌어 상호 주체성 가운데 서로 교제하며 나누게 한다. 교육은 마틴 부버의 용어로 '나와 너'의 상호 주체적인 진실한 관계성과 더불어 공동체성을 중시한다. 해리스에 의하면 존재한다는 것은 함께 존재함을 의미한다. 그녀는 내가 곧 당신이라는 우리 의식-연대감을 강조하며 탄생시키기 위해서는 연대를 맺어야 한다고 주장한다. 연결되었다는 것은 서로에게 지속적인 운동력을 가하는 것을 의미한다.

종교적 상상력의 예언자적 속성

교육에서 상상력은 공공선을 꿈꾸며 실현해 가는 데 촉매의 역할을 할 수 있다. 월터 브루그만은 성서의 발화 가운데 존재하는 대안적인 세상을 추구하는 상상력의 작용을 발견한다. 브루그만은 이를 예언자적 상상력이라고 명명한다. 예언자적 상상력은 현재적인 실재를 비판하고 정의와 연민과 변화를 지향하며 다른 미래를 그려 보는 능력이다. 예언자적 상상력은 미래를 예견할 뿐만 아니라 현재의 불의를 드러냄으로 변화를 촉구하며 가능한 희망적인 비전을 제시한다. 브루그만은 예언자적 상상력이 사회적으로, 영적으로 새로워지는 데 필수적이라고 여긴다. 종교 전통에서 예언자들은 억압적인 체제를 비판하고 새로운 삶의 방식으로 인도하기 위해 예언적 상상력을 발휘했다. 이를 통해 그들은 깊은 영적이고 윤리적인 확신을 이끌어 내었다. AI는 예언적인 목소리를 강화하고 정의와 연민이 넘치는 미래를 그려 내는 데 도움을 줄 수 있다.

이처럼 예언자적 상상력의 패러다임은 왕권 의식을 넘어서는 대안 의식을 형성한다. 브루그만은 억압적인 현실을 넘어설 수 있는 시적 상상력을 강조한다. 한편 긍휼은 비판의 근원적 형태이며 공적 사회 비판을 함축한다. 분석적인 비판적 질문은 능력을 주는 질문이 될 수 있으며 건설적인 비판은 대항하는 것을 넘어서서 함께 서는 일이라고 할 수 있다. 분석에는 상상력이 작용하며 예언자적인 의미를 지니고 있다. 더 나아가 예언자의 소망은 백성의 상상력을 일깨우며 이를 통해 절망을 활력으로 변화시키는 것이라고 할 수 있다. AI는 대안적 이야기를 생성하며, 정의로운 사회를 그려 보고, 들려지지 않는 목소리들을 발굴해 내는 것을 통해 예언자적 상상력을 함양한다.

더 나아가 교육에서 예언자적 상상력은 전통적인 시스템을 넘어서서 변화를 지향하는 학습 모델과 새로운 가능성을 창조한다. 우리는 가르침을 통해 무엇을 탄생시켜야 하는가? 이 질문에 대해 해리스는 새 생명, 열정, 담대함, 감정, 피, 물, 그리고 고통을 낳아야 한다고 응답

한다. 교사 또한 한정된 일상성과 지루함의 틀을 넘어 풍부한 상상력의 교육적 세계에서 새로 태어날 것을 추구해야 한다. 궁극적으로 교사들은 통찰력을 경험하는 순간에 상상력과 독창성도 새롭게 감지하게 된다. 교사의 소명은 계시를 향한 소재를 구현함으로 우주의 재창조에 참여하는 것이다. 해리스는 종교 교육에 네 가지 은유 – 육화(incarnation), 계시(revelation), 권능(power), 재창조(re-creation)를 제시한다. 교사는 신비 앞에서 경외감을 지녀야 하며 학습은 경이로움을 출발점으로 하여 겸손을 거쳐 감사로 마무리되어야 한다. AI는 방대하고 심오한 종교적 전통을 분석하고 새로운 통찰력을 제시함으로 재창조에 관여할 수 있는 잠재력을 지니고 있다.

참고문헌

문은영(2023). 상상력의 다의적 함의와 기독교교육. ≪기독교교육정보≫, 제76집, 267-291.

이지성(2019). 『에이트: 인공지능에게 대체되지 않는 나를 만드는 법』. 차이정원.

일본경제신문사(2019). 『AI 2045 인공지능 미래보고서: AI와 인간이 공존하는 세상의 시작』. 반니.

임병희(2014). 『인문라이더를 위한 상상력 사전』. 생각정원.

Brueggemann, W.(1978). *The Prophetic imagination*. Fortress

Press.
Green, G.(2005). *Imagining God: Theology and the religious imagination.* Fortress Press.
Harris, M.(2000). *Teaching and religious imagination: An essay in the theology of teaching.* HarperSanFrancisco.
McGrath, A.(2016). *Re-imagining the nature.* Wiley Blackwell.

05
AI와 교육적 상상력

인공지능은 교수-학습 과정에서 교육적 상상력을 형성하며 촉진하는 데 도움을 준다. 여기에서 제시하는 교육적 상상력의 패러다임은 인식의 상상력, 공감의 상상력, 비전의 상상력으로 이루어져 있다. 상상력 중심 교육론은 융합, 초융합을 강조하는 4차 산업혁명 시대에 적합한 교육적 틀이며 AI는 상상력을 통한 보다 의미 있고 변화 지향적인 학습 경험을 지원한다.

AI와 아이돌?

AI와 인식의 상상력

인식의 상상력은 사고 과정에서 '융합의 순간(unifying moment)'에 작용하며 기존의 지식과 경험을 통합하여 새로운 깨달음에 이르는 것을 의미한다. 세 가지 상상력의 관점에서 인식의 상상력은 주로 '알아감(knowing)'의 차원에 관여한다. 또한 시간적인 관점에서는 '과거-현재'에 중점을 두고 있다. 4차 산업혁명 시대에 떠오르는 주요 개념은 '융합', '초융합'이라고 할 수 있다. 이러한 관점에서 4차 산업혁명 시대를 살아갈 다음 세대들은 융합할 수 있는 능력, 통합해 낼 수 있는 능력을 키워 갈 필요가 있다. 이 통합할 수 있는 힘과 상상력은 밀접한 관계를 지니고 있다. 상상력은 영어로는 imagination이라고 하는데, 그 어근을 이루는 'image'가 함축하고 있는 것처럼 하나로 떠오르는 심상과 관련되어 있다. 그런 의미에서 교육에서도 4차 산업혁명 시대에 인식의 상상력을 함양함으로 '통합할 수 있는 힘'을 키워 줄 필요가 있다. AI는 인식의 과정에서 유능한 대화 파트너의 역할을 담당함으로 인식의 상상력을 함양한다.

4차 산업혁명 시대에는 뇌 중심의 융합 기술 개발이 가속화됨에 따라 인공지능 전문가의 역할이 더욱 중요해질 것이다. 원래 인공지능이라는 말은 1956년에 컴퓨터 과학자인 존 매카시에 의해 주조된 프로그래밍 언어에서 싹텄다. 또한 인공지능은 스스로 학습하게 만드는 구조인 딥러닝을 통하여 발전했다. 인공지능은 인간을 닮은 기계를 만드는 일이기 때문에 뇌 과학적인 인지 부분과 심리학적인 이해도 필요로 한다. 인간은 자의식, 호기심, 섬세한 감정 등을 지닌 신묘막측한 존재다. 이 모든 인간의 미묘한 요소들을 인공지능에 얼마나 담아낼 수 있을지 모르겠지만, 인공지능은 계속해서 더 많은 인간의 이미지와 능력을 담아내며 발달해 가고 있다.

이러한 인공지능은 교육의 교수-학습 과정에서 조교로 혹은 가정교사로서 긍정적인 역할을 감당할 수 있다. 인공지능 조교 혹은 가정교사는 학습자에 대한 데이터를 토대로 가장 적절한 맞춤 교육을 해 나갈 수 있을 것이다. 빅데이터와 인공지능의 융합을 통해 학습자의 준비도, 학습 방식, 성향 등 교수-학습 과정에 도움이 되는 데이터를 분석함으로 인공지능은 학습자와 1:1의 관계 속에서 가장 적절한 맞춤 교육을 해 나가는 것이 가능하리라 여겨진다. 또한 3D/4D 프린터는 학습자에게 적합한 창의적인 학습 도구들을 제작하는 데 기여할 수 있다. 더 나아가 인공지능은 많은 학습자의 질문을 짧은 시간에 충분히 다룰 수 있는 능력을 지니고 있기 때문에 교수

-학습 과정에서 조교의 역할을 충실하게 해 나갈 수 있을 것이다. 그러나 인공지능의 오류 가능성이나 유연성이 결여될 수 있는 측면도 고려한다면 전문가의 감수도 필요할 것이다. 따라서 적절한 선에서 인간 교사와 인공지능 조교가 상호 협력하는 교수-학습 형태가 바람직하리라 여겨진다.

더 나아가 4차 산업혁명 시대에 인공지능, O2O의 발달은 교육의 교수-학습 양태에도 변화를 가져올 것을 요청한다. 예를 들어 요즘에는 O2O 플랫폼 방식을 교육에 응용한 거꾸로 교실(flipped classroom)이 시도되기도 한다. 즉 학습자들이 집에서 온라인 수업 학습을 통해 기본 개념을 인지하고, 실제 교실에서는 교사나 조교의 도움을 받으면서 숙제와 같은 심화 학습을 해 나가는 교육 방식이다. 인공지능과 더불어 살아가야 할 다음 세대는 AI와의 협업을 통해 더욱 폭넓고 깊은 차원에서의 인식의 통합을 이루어 나가야 할 것이다. 더 나아가 인공지능을 활용해 문제를 효과적으로 해결하며 새로운 방식으로 부가가치가 높은 일을 하는 길을 모색해 나갈 수 있을 것이다.

AI와 공감의 상상력

공감의 상상력은 다른 사람의 상황이나 감정, 경험 등을 함께 깊이 느낄 수 있는 능력이다. 세 가지 상상력의 관점에서 공감의 상상력은 알아감(knowing)과 살아감(doing)의 프락시스를 통해 '됨(being), 되어감 (becoming)'을 형성해 가는 데 관여한다. 시간적인 관점에서는 현재에 깊이 몰입하는 '현재-현재'에 강조점을 두고 있다. AI는 교육의 영역에서 다양한 관점들과 경험들을 제시함으로 공감의 상상력을 키우는 데 유용하게 활용될 수 있다. 또한 이야기나 시나리오를 생성하는 AI 도구들은 더욱 깊은 공감적 상상력에 관여하도록 자극한다. 더 나아가 가상 현실 AI 기술의 발달은 학습자가 가상 현실의 세계 속에 깊이 몰입하고 공감하여 보다 생생한 체험을 가능하게 한다.

가상 현실(VR)을 교수-학습 과정에 활용할 때 학습자의 공감의 상상력을 깊이 터치함으로 학습 내용을 내면화하는 데 도움을 줄 수 있다. 또한 가상 현실은 교육에서 학습자와 교사 간에 혹은 또래 그룹 간에 의사소통을 증진할 수 있는 통로가 될 수 있다. 예컨대 융합 현실(MR)을 활용하여 공간을 초월하고 학생들이 가상 교실에서 함께 수업하는 것을 시도할 수 있다. 더 나아가 가상 현실은 다양한 감각을 자극하는 생생한 3D 영상, 소리 등을 통해 새롭고 풍부한 방식으로 다감각적인 폭넓은 소통을 가능하게 한다. 수업 방식에서도 가상 체험 테마파크 기법과 학습 센터를 연결하여 생동감 넘치는 학습의 장을 창조할 수 있을 것이다.

한편 인간이 AI에게 지식, 추론, 계산, 분류, 예측뿐 아니라 인격, 정서, 법까지 부여해야 하는 시점이 다가왔다. 인공지능의 영역에 감성 로봇, 소셜 로봇이 등장해서 AI가 사람들의 삶의 문제에 대한 공감을 통해 이들의 마음을 어루만지고 있다. 비록 그것이 프로그래밍화된 기계적인 현상에 불과하더라도 말이다. 실제로 일본에서 개발한 페퍼라는 인공지능은 사람과 감정을 교감하면서 외로운 마음을 위로하고 극복하게 해 주는 감성 케어 기능을 지니고 있다. 이처럼 최근에는 인간과 로봇과의 감정의 교류, 인공지능 간의 감정의 상호작용, 로봇 감정의 스펙트럼의 범위 등 공감의 상상력과 관련된 탐구 과제들이 대두되고 있다. 이러한 풍부한 잠재력을 지니고 있는 인공지능은 교육에서도 좋은 조력자가 될 수 있다. 예컨대 인공지능은 보모나 상담자가 되어 아이들을 교육하며 돌볼 수 있다. 즉, 인공지능에 감성 케어 기능이 도입됨에 따라 AI는 학습자의 감정을 다독이면서 위로하고 격려하며 대안을 제시하는 방식으로 공감의 상상력을 키워 줄 수 있다.

교육이 생동적이 되기 위해서는 단순히 문자적이고 이성적인 차원을 넘어서서 이미지와 정서, 대화, 유머 등이 녹아 있는 보다 풍성한 교수-학습 경험을 지향할 필요가 있으며, AI는 이를 위한 유용한 도구가 될 수 있다. 교육은 축적된 메마른 부호의 지식을 새로운 정신의 삶으로 변화시키기 위해 활기를 불어넣는 능력을 요청한다. 이를 위해 교육 과정에서 세계와 인간 삶의 경이로운 순간을 발굴하며 펼쳐 가는 것이 필요하다. 예컨대 키런(Kieran)은 언어의 경이로움을 느끼는 것이 신화와 은유를 이해하는 도정으로 나아가는 데도 도움이 된다고 역설한다. 인간은 언어를 들을 때 정신적인 이미지를 형성하는 능력을 지니고 있다. AI는 언어를 통해 폭넓은 관점을 제시할 뿐만 아니라 이를 다양한 방식으로 형상화할 수 있는 도구들을 제공함으로 교수-학습 과정에 새로운 통찰력과 경이로움을 가져올 수 있다. 비너지는 교실이 개방적이며 탐험과 기쁨이 넘치는 공간이 되어야 함을 강조하는데, AI는 이를 위한 가치 있는 교육적 도구로 활용될 수 있다.

AI와 비전의 상상력

융합의 순간(unifying moment)에 작용하는 비전의 상상력(Visionary Imagination)은 씨앗처럼 앞으로 펼쳐질 풍부한 잠재성을 지니고 있다. 세 가지 상상력의 관점에서 비전의 상상력은 '살아감(doing, living)'의 차원을 담아낸다. 또한 시간적인 관점에서 비전의 상상력은 '현재-미래'에 관여한다. 상상력은 실제로 경험하지 않은 것을 마음속으로 그려 보는 힘이라는 점에서 그 자체 안에 비전의 의미를 담고 있다. 인간의 내면에는 창조의 충동이 있으며 새로움을 추구하는 차원이 존재한다는 점에서 비전의 상상력을 품고 있다. 존재의 생성 과정이 종이접기에서 펼치기에 비유되는 것처럼, 비전의 상상력은 지속적으로 전개되어 가는 인식과 존재의 변화 과정에 관여한다.

교육에서 다음 세대는 무엇보다도 비전의 상상력을 통하여 미래를 위해 자신의 고유한 잠재력을 잘 발휘할 수 있는 일이 무엇인지 찾아 나가는 노력이 중요하다. 자신의 꿈을 이루어 가는 데 인공지능이 좋은 협력자가 될 수 있다. 예를 들어 그림을 좋아하지만 그림을 잘 못 그려 망설여진다면 자신의 화풍을 인공지능에 학습시켜서 누구도 모방할 수 없는 작품을 창조해 낼 수 있을 것이다.

인공지능의 발달은 앞서 살펴본 대로 인간 이해에 깊이 있는 재고를 요청한다. 교육의 관점에서도 인공지능을 어떻게 해석할 것인지, 어떤 관계성을 이루어 가야 할 것인지에 대한 성찰이 필요할 것이다. 갈수록 인공지능은 인류의 새로운 동반자로 자리매김할 것이며 교육 분야에서 건설적으로 활용함과 동시에 이에 대한 책임성 있는 윤리 또한 정립되어야 하리라 여겨진다.

마리아 해리스는 교사의 사명을 계시를 향한 내용을 실현해 감으로 우주의 재창조에 참여하는 것으로 간주하는데, 이러한 관점에서 비전의 상상력은 교육을 통한 새 창조를 촉진하는 역할을 하는 것으로 볼 수 있다. 해리스에게 교육은 상상 행위로서 세계를 새롭게 하는 힘이라는 점에서 풍성한 비전의 상상력을 함축하고 있다. 또한 교수-학습 과정에서 신비와 경이로움의 순간은 비전의 상상력을 활성화하는 계기가 된다. 비전의 상상력은 문화의 상상력에 긍정적인 영향력을 줄 수 있는 더욱 설득적이고 참여적인 이야기를 구성해 갈 수 있다는 점에서, 사회와 문화의 차원을 변혁시켜 나갈 수 있는 힘을 함축하고 있다고 볼 수 있다. 이러한 비전의 상상력은 소통이 원활하게 이루어지는 에토스 가운데서 더욱 활성화될 수 있다. AI는 폭넓은 가능성들을 제시함으로 소통을 촉진하며 비전의 상상력을 함양한다.

교육에서 상상력은 소통이 원활하게 이루어지는 분위기에서 창의력과 밀접한 관계를 지니고 있다. 상상력은 마음의 경계를 지속적으로 넘어서게 한다. 이를 통해 상상력은 시야를 열어 주며 더 깊고 폭넓은 통찰력으로 인도한다. 얼리스터 맥그래스는 실재를 품는 즐거운 상상력에 대해 언급한다. 임병희는 생각의 벽에 문을 만들면 벽이 길이 되어 자유롭게 소통하는 상상력을 키울 수 있다고 언급한다. 즉 소통의 모드를, 문을 달고 길을 열며 넘나드는 것으로 표현한다. 더 나아가 상호 간의 소통을 통해 창의력이 함양된다.

AI는 이러한 소통과 관계성을 원활하게 하는 데 기여한다. 예를 들어 로봇은 부모와 자녀의 관계성을 개선하는 데 도움이 될 수 있다. 즉 자녀들이 반감을 가질 만한 타이름은 로봇이 하여, 부모와 자녀의 관계를 보다 돈독하게 할 수도 있을 것이라는 견해도 있다. 소통과 개방의 풍토를 조성할 때 융합과 창의성을 촉진하여 혁신으로 나아갈 수 있는 길이 열린다. 이상오는 상상력을 창의성의 충분조건은 아니더라도 필수조건으로 이해한다. AI는 미래를 위한 모습을 그려 나가는 데 동반자로서 더욱 깊이 있는 사고를 촉진하고 다양한 대안들을 제시함으로 창의력과 비전의 상상력을 키워 준다.

참고문헌

〈나는 미래다〉 방송 제작팀(2020). 『인공지능의 현재와 미래』. 권용중 번역. 양훈모 감수. 보이스 출판사.

문은영(2020). 『상상력을 통한 기독교교육』. 케노시스.

이랑 · 이화영(2018). 『(청소년이 꼭 알아야 할) 4차 산업혁명 새로운 직업 이야기』. 드림리치.

이상오(2014). 『상상력과 교육』. 강현출판사.

임병희(2014). 『인문라이더를 위한 상상력 사전』. 생각정원.

진중권(2020). 『놀이와 예술, 그리고 상상력』. Humanist.

Brueggemann, W.(1978). *The prophetic imagination.* Fortress Press.

Egan, K(2005). *An imaginative approach to teaching.* Jossey-Bass.

Ford, M(2015). *Rise of the robots: Technology and the treat of a jobliss future.* Basic Books.

Harris, M(2000). *Teaching and religious imagination: An essay in the theology of teaching.* HarperSanFrancisco.

McGrath, A(2016). *Re-imagining the nature.* Wiley Blackwell.

06
AI와 예술적 상상력 교육

AI 도구들은 협력자, 촉진자로서 창조성을 활성화하여 예술적 상상력을 함양한다. 시잉 뮤직(Seeing Music) AI는 강약, 높낮이, 음색 등의 음악적 요소들을 눈에 보이는 형태로 표현한다. 스테이블 디퓨전 AI는 텍스트를 이미지로 변환하며 새로운 형태의 시각적 상상력을 자극한다. 코파일럿 AI는 문학적 작품의 흐름을 구성해 가는 데 도움을 준다. 이러한 AI 도구들은 '사랑'을 주제로 예술 작품을 생성해 내는 데 유용하다.

AI와 야구?

'시잉 뮤직'을 활용한 음악적 상상력 함양 – '사랑'을 주제로

시잉 뮤직 AI(Seeing Music AI)는 들리는 음악을 보이는 음악으로 전환하면서 예술적 상상력을 재형성한다. '시잉 뮤직 AI'는 작곡가 제이 앨런 지머만이 구글과 협업으로 개발한 인공지능 프로그램이다. 제이는 20대부터 점차 청력을 잃었지만 자신이 만든 음정 시각화 도구에 기억력, 상상력을 더하여 활발한 작곡 활동을 하고 있다. 시잉 뮤직은 크기, 높낮이, 음색 등 소리를 이루고 있는 다양한 요소를 우리가 눈으로 볼 수 있도록 다양한 방법으로 시각화하는 프로그램이다. 시잉 뮤직에서는 선율(Melodic), 화음(Harmonic), 셈여림(Dynamic)의 방식으로 소리를 시각화한다. 선율은 음의 높낮이와 소리의 크기, 질감을 시각화한다. 화음은 스펙트럼의 형식으로 소리의 파동을 시각화한다. 셈여림은 소리의 강약을 파동으로 표시한다.

시잉 뮤직 인공지능을 통하여 '사랑'을 주제로 작곡을 해 봄으로 음악적 상상력을 함양할 수 있다. 먼저 시잉 뮤직의 예시 사운드를 통하여 목소리, 바이올린, 색소폰 등의 악기 음색을 클릭해 보면서 음악이 어떻게 보이는지 살펴본다. 또 '사랑'에 관한 노래를 업로드하여 파형을 관찰해 본다. 더 나아가 '사랑'에 관한 뮤직 비디오를 만드는 활동을 한 후에 업로드하여 공유할 수 있다. 시잉 뮤직 외에 음악적 상상력을 함양할 수 있는 인공지능 프로그램으로 크롬 뮤직 랩(Chrome Music Lab), 선데이 AI(Sunday AI) 등이 있다. 시잉 뮤직과 같은 음악 AI들은 광범위한 소리와 패턴을 분석하고 다양한 형태로 표현함으로써 예술적 상상력을 촉진한다.

'스테이블 디퓨전 AI'를 활용한 미술적 상상력 함양 – '사랑'을 주제로

스테이블 디퓨전 AI(Stable Diffusion AI)를 활용하여 '사랑'의 주제를 중심으로 미술적 상상력을 함양할 수 있다. 스테이블 디퓨전 AI는 텍스트로부터 이미지를 생성해 줌으로 브레인스토밍의 도구와 창조적 파트너로서 예술적 상상력을 키워 준다. 스테이블 디퓨전은 2022년에 스테이블AI에서 개발한 모델로 텍스트를 입력하면 이미지를 생성한다. 이미지 생성 속도가 빠르고 효율성이 높으며 다양한 하드웨어 환경에서 사용할 수 있는 것이 장점이다. 또한 스테이블 디퓨전은 다양한 옵션과 스타일을 지원하기 때문에 섬세한 이미지를 생성할 수 있다. 또한 이미지의 질이 좋은 편이며 창의적 예술, 디자인, 마케팅의 영역에서도 활용되고 있다.

스테이블 디퓨전을 통해 텍스트로 그림을 그리기 위해서는 메뉴 탭에서 'txt2mg'를 선택한 후 프롬프트 입력란에 원하는 그림에 대한 설명을 텍스트로 입력하면 된다. 스테이블 디퓨전에는 다양한 기능이 있는데 예를 들어 '정제기(Refiner)'는 정교한 디테일을 추가하고 이미지의 질을 높일 수 있는 기능이다. 또한 아웃프린트(outprint)의 기능을 활용하여 그림을 상하좌우로 넓힐 수도 있다. 더 나아가 그림의 특정 부분을 수정할 수 있는 인프린트(inprint)의 기능도 있다. 그림이 완성되면 오른쪽 옆에 있는 '다운로드'를 클릭하여 내 컴퓨터로 가져올 수 있다.

'사랑'을 주제로 스테이블 디퓨전 AI를 활용하여 미술작품을 생성하는 활동을 할 수 있다. 먼저 스테이블 AI 프로그램을 설치한 후에 프롬프트 입력란에 예술적 상상력을 발휘하여 사랑의 장면을 묘사하는 다양한 텍스트를 입력해 본다. 그러고 나서 AI가 생성해 내는 그림이 자신이 상상했던 장면을 어떻게 담아내고 있는지 살펴본다. 또한 스테이블 디퓨전의 다양한 기능을 사용하여 디테일을 추가하거나 수정할 수도 있다. 이처럼 AI와의 협업을 통해 예술적 상상력을 촉진하고, 보다 완성도 높은 미술 작품을 창작할 수 있을 것이다.

스테이블 디퓨전 외에 텍스트를 통해 이미지를 생성할 수 있는 AI로는 마이크로소프트 디자이너, 미드저니, 빙 이미지 크리에이터 프롬프트 등이 있다. 예컨대 마이크로소프트 디자이너는 온라인에서 손쉽게 초대장, 디지털 엽서, 카드 뉴스, 소셜 미디어 게시물 등을 가능하게 하는 AI 플랫폼이다. 더 나아가 스테이블 디퓨전과 같이 텍스트를 이미지로 변환해 주는 AI들은 다른 예술적 스타일들을 융합하여 새로운 미학을 창조해 냄으로써 예술적 상상력을 키워 줄 수 있다.

코파일럿 AI를 통한 문학적 상상력 함양 : '사랑'을 주제로

인공지능은 최근에 문학의 영역에까지 스며들어 시와 소설을 창작하기도 한다. AI는 이제 도구를 넘어서서 예술적 주체로서의 위상을 보여 주고 있는 것이다. 이처럼 최근에는 고도의 창의적인 작업으로 여겨지는 글쓰기와 관련하여 자동화 내러티브 생성 프로그램이 출현하고 있다. 더 나아가 러시아에는 푸시킨의 시를 탑재한 AI가 시를 낭송하기도 한다.

코파일럿 AI(CoPilot AI)는 창의적인 문학적 아이디어와 스타일을 생성함으로써 문학적 상상력을 함양할 수 있다. 여기에서는 코파일럿 AI를 활용하여 '사랑'에 관한 문학 작품을 생성해 보고자 한다. 마이크로소프트의 코파일럿은 2024년 10월에 대규모의 업데이트를 단행하면서 사용자 경험을 크게 강화했다. 코파일럿을 사용하기 위해서는 에지 브라우저를 실행한 후에 화면 오른쪽 상단의 코파일럿 아이콘을 누른다. 에지 브라우저를 사용할 경우에 웹페이지 어느 곳에서든지 코파일럿을 사이드바로 불러낼 수 있다. 더 나아가 코파일럿은 워드, 엑셀, 파워포인트와 연계하여 유용하게 사용되고 있다. 화면 오른쪽에 코파일럿 창이 나타나면 음식점 소개, 음악 요청, 영문 웹페이지 요약, 유튜브 영상 요약, 그림 생성 등의 다양한 작업을 실행할 수 있다. 아울러 코파일럿은 소설 등의 문학 작품도 생성해 낼 수 있다.

예를 들면 코파일럿 AI에게 "너는 20년 이상 베스트셀러들을 쓴 전 세계 최고의 애정 소설 작가야. 네가 '사랑'에 대한 새로운 소설을 쓴다면 어떤 내용으로 쓸지 예를 세 가지만 알려 줘"라고 요청할 수 있다. 그러고 나서 세 가지 답변 중에 마음에 드는 내용을 골라 "2번에 대해 자세히 알려 줘"라는 식으로 다시 요청할 수 있다. 그 내용이 마음에 든다면 "위의 내용으로 소설을 써 줘"라고 기입한다. 만일 소설을 쓰다가 중단될 경우에는 "계속 써 줘"라고 요청하면 이어서 쓴다. 이렇게 대화를 이어 가면서 '사랑'에 관한 짧은 소설을 생성해 낼 수 있다. 이처럼 코파일럿 AI는 새로운 이야기 기법과 관점을 제시함으로 문학적, 예술적 상상력을 키워 준다.

참고문헌

김덕진(2024). 『AI 2025: 트랜드 & 활용백과』. 스마트북스.

이임복(2023). 『챗GPT: 질문하는 인간, 답하는 AI』. 천그루숲.

일본경제신문사(2019). 『AI 2045 인공지능 미래보고서: AI와 인간이 공존하는 세상의 시작』. 반니.

Schwab, K.(2018). *Shaping the future of the fourth industrial revolution: A guide to building a better world.* Penguin Group.

07
AI와 과학적 상상력 교육

AI 도구들은 문제에 대한 새로운 접근과 방법들을 제시함으로 과학적 상상력을 함양할 수 있다. GPT 빌더 AI는 주제와 관련된 챗봇을 제작하도록 돕는다. 픽토리 AI는 주제와 관련된 영상을 생성해 낸다. 로블록스 스튜디오 AI는 주제와 관련된 게임을 만들 수 있게 한다. 이러한 AI 도구들을 활용하여 '환경'을 주제로 과학적 상상력을 함양하는 활동을 해 볼 수 있다.

AI와 윤동주?

'GPT 빌더 AI'로 '환경 보호 챗봇' 만들기

GPT 빌더 AI를 활용한 '환경 보호 챗봇'을 만드는 활동을 통하여 과학적 상상력을 함양할 수 있다. 환경 보호 챗봇을 만들기 위해서는 GPT 빌더 화면에서 '구성' 탭을 눌러 시작할 수 있다. 이 화면은 크게 지침, 지식, 작업 영역으로 이루어져 있다. '지침' 영역에는 챗봇이 할 일을 프롬프트 형태로 직접 입력한다. 또한 '지식' 영역에는 참고 자료 파일을 올려 챗봇이 답변할 때 참고하게 한다. 이 기능을 잘 활용할 경우 자신이 작성한 책이나 대본, 보고서 등에 기반한 맞춤형 챗봇을 만들 수 있다. '작업' 영역은 외부에 있는 공개 API와 챗봇을 접속할 때 활용한다. 예를 들어 챗봇과 네이버 검색 API를 연결하면 네이버 검색 기능을 사용할 수 있다.

챗봇을 만들기 위해서는 먼저 챗GPT 화면의 왼쪽 메뉴에서 'GPT 탐색'을 클릭한 후 '+만들기' 단추를 누른다. 그러고 나서 GPT 빌더가 열리면 '구성' 탭을 누른다. '환경 보호' 챗봇을 만들기 위해 먼저 챗봇의 이름에 '환경 보호기'라고 입력한다. '설명'에는 무엇을 하는 챗봇인지 간략한 설명을 넣는다. GPT 빌더 상단에 있는 '+' 단추를 클릭하고 '사진 업로드'나 '달리(DALL-E) 사용'을 선택해 프로필을 만든다. '지침' 영역에서는 '#지시문'

이라고 표시한 후에 챗봇에게 '너는 누구이고, 어떤 일을 하며, 무엇에 근거해서 작업을 해야 하는지' 입력한다. 예를 들어 '환경 보호'에 관한 지시문을 작성할 때 다음과 같이 기입할 수 있다. "너는 지금부터 환경 보호를 위한 정보를 제공해 주는 역할을 수행해야 해. 주어진 정보를 토대로 환경 보호를 위한 질문들에 대해 다양한 방안들을 알기 쉽게 작성하는 것이 목표야." 다음으로 '#제약조건'이나 '#출력 형식'을 덧붙일 수 있다. 예를 들어 '#제약조건'에는 "예시를 들어 내용을 보다 잘 이해할 수 있게 할 것" 등을 입력할 수 있다. '#출력 형식'은 제목, 본문 1~2문단, 예시 등을 기입한다.

또한 '정보'에서는 글을 작성할 때 꼭 알아야 할 필수 정보를 입력한다. 예를 들어 "글을 작성할 때 제목은 전체 내용을 함축적으로 전달해야 함" 등으로 작성할 수 있다. '대화 스타터'는 챗봇 초기 화면에 나오는 추천 질문이며 필요할 경우에 입력한다. 챗봇의 '지식' 영역에는 512MB 이하의 지식 파일을 최대 20개까지 올릴 수 있다. 챗봇의 GPT 빌더 화면에서 '지식' 영역의 '파일 업로드' 단추를 누르고 원하는 파일을 올리면 된다. 업로드할 수 있는 파일 형식으로는 워드, PDF, 텍스트, 그림, JSON 등이 있다.

다음으로 지금까지 만든 '환경 보호 챗봇'을 저장하면 된다. 중간 저장을 했을 경우에 '만들기' 버튼이 '업데이트' 버튼으로 바뀌어 있는데 이것을 클릭하면 된다. 더 나아가 '환경 보호 챗봇'이 그림을 그려서 넣게 하는 기능도 추가할 수 있다. 이를 위해 지식 영역의 아래에 있는 '기능' 옵션에서 '달리 이미지 생성' 옵션을 켠다. '지침' 영역의 '#지시문'에 달리로 그림을 그려 달라고 요청한다. 보다 구체적으로 '#도출 과정'을 덧붙일 수도 있다. 예를 들어 '#도출 과정'을 다음과 같이 작성할 수 있다.

1. 지시문에 따라 글을 작성한다.
2. 글을 작성한 후에 달리 API를 호출한다.
3. 이어서 달리를 활용해서 글의 내용과 관련된 그림을 그려서 출력한다.

지침 수정이 끝난 후 '업데이트' 단추를 눌러 챗봇을 저장한다. 이러한 방식으로 GPT빌더 AI를 활용한 '환경 보호 챗봇'을 만드는 활동을 통하여 과학적 상상력을 키울 수 있다.

'픽토리 AI'를 활용하여 '환경 보호'에 관한 영상 만들기

픽토리(Pictory) AI를 사용하여 '환경 보호'에 관한 영상을 만드는 활동을 통하여 과학적 상상력을 함양할 수 있다. 픽토리는 스크립트, 텍스트, 블로그 글에서 자동으로 동영상을 생성할 수 있는 인공지능이다. 또한 음성 내레이션, 자동 자막 형성, 간단한 편집 도구, 다양한 영상 템플릿과 스타일을 갖추고 있으며, 더 나아가 텍스트를 영상으로 변환할 수 있는 픽토리를 손쉽게 활용할 수 있다.

환경 보호에 관한 영상을 만들기 위해서는 먼저 챗GPT를 통해 '환경 보호'에 관한 스크립트를 작성해 달라고 요청할 수 있다. 그러고 나서 픽토리 사이트(pictory.ai)에 로그인을 한 후 'Get started for free(무료로 시작하기)' 버튼을 누른다. 픽토리 화면이 열리면 'Script to video(스크립트를 비디오로)'를 누른다. 스크립트 편집기에 제목을 입력하고 대본 공간에 챗GPT가 써 준 스크립트를 다듬어 넣은 후 'Proceed(진행)'를 넣는다. 잠시 기다리면 픽토리 AI가 생성한 영상이 나타난다. 화면 왼쪽 메뉴에서 'Story(이야기)'를 누르면 자막을 수정할 수도 있다. 또 화면 아래쪽에 여러 개의 신

(scene)이 있는데 그중에 바꾸고 싶은 영상이 있으면 그 신을 선택한 후 'Visuals(시각화)'를 클릭한다. 그러면 그 신과 비슷한 다양한 영상들이 나오고 그 가운데 원하는 영상을 클릭하면 된다.

다음으로 배경 음악과 목소리를 넣기 위해서는 왼쪽 메뉴에서 'Audio(오디오)'를 클릭한다. 그런 다음 'Background music(배경 음악)' 탭에서 배경 음악을 골라 넣는다. 키워드를 넣어 검색할 수도 있고 'Mood(무드)' 탭을 눌러 분위기별로 음악을 찾을 수도 있다. 원하는 음악에 마우스를 올린 후 'Generate and Apply(생성 적용)' 단추를 클릭하면 영상에 배경 음악이 들어간다.

그러고 나서 'Voiceover(목소리)' 탭을 누른 후에 자막을 읽어 줄 AI 성우를 선택하여 클릭한다. 'Play(재생)' 버튼을 누르면 목소리를 미리 들어 볼 수도 있다. 목소리 설정이 끝나면 'Generate and Apply(생성 적용)' 단추를 누른다. 그러면 AI가 목소리를 생성해서 영상에 넣는다. 화면 상단의 'Download(다운로드)' 단추를 누르면 영상이 픽토리의 내 프로젝트에 저장된다. 이처럼 픽토리 AI를 통하여 환경 보호에 관한 영상을 만드는 활동을 통하여 과학적 상상력을 함양할 수 있다.

'로블록스 스튜디오 AI'를 활용하여 '환경 복원 게임' 만들기

로블록스 스튜디오(Roblox Studio) AI를 통해 '환경 복원 게임'을 제작해 봄으로 과학적 상상력을 키워 본다. 로블록스 스튜디오 AI는 창의적인 3D 게임을 개발할 수 있도록 돕는 인공지능이다. 로블록스 스튜디오는 루아우(Luau) 코드 자동 생성 기능을 통해 개발자가 원하는 기능을 파악하고 자동으로 스크립트를 작성해 준다. 또한 원하는 스타일을 입력하면 AI가 거기에 맞추어 그래픽을 생성해 준다. 간단한 명령어나 그림으로 3D 구조물을 생성할 수도 있다. 예를 들어 "산과 강이 오염된 지구의 모습 만들기"를 요청할 수 있다.

로블록스 스튜디오를 활용하여 '환경 복원 게임'을 만들어 볼 수 있다. 환경을 복원하는 시뮬레이션 게임에서 플레이어는 오염된 환경을 복원하는 '환경 지킴이'가 된다. 또한 나무를 심고, 쓰레기를 치우며, 재생 에너지를 활성화하는 플레이어의 활동에 따라 지구가 점차 회복된다. 이를 통해 환경 파괴를 막고 생태계를 복원하며 지속 가능한 환경을 유지하면서 점수를 얻을 수 있도록 제작한다. 정해진 시간 안에 지구를 깨끗하게 만드는 활동도 만들 수 있다. 이를 위한 로블록스 스튜디오 환경을 구축하기 위해 먼저 맵을 생성한다. 예를 들어 오염된 지구의 모습을 만들고 강, 산, 도시 등의 다양한 지형을 배치할 수 있다. 또한 공장 매연, 쓰레기, 오염된 강 또는 바다, 하늘 등을 모델링하여 오염 요소들을 맵에 배치한다. 다음으로 나무, 태양광 패널, 풍력 터빈 등의 친환경 복원 요소들을 배치한다.

이를 위해 로블록스 스튜디오의 'Terrain Tool(지형 도구)'을 활용한다. '지형 도구'는 지형을 만들고 편집할 수 있는 도구로, 현실감 있는 산, 강, 동굴, 언덕 등의 환경을 손쉽게 제작한다. 예를 들어 'Add(추가)' 기능을 통해 새로운 지형을 만들고 'Substract(삭제)'를 통해 기존 지형을 삭제할 수 있다. 또 'Paint(색칠)'는 지형의 색상이나 질감을 바꿀 수 있는데, 예컨대 바위나 모래와 같은 질감으로 변경할 수 있다. 더 나아가 'Generate(생성)'는 랜덤 지형을 자동으로 생성하는 기능이다. 또한 로블록스 스튜디오의 'Particle effects(입자 효과)'는 먼지, 연기, 불꽃, 마법 효과 등 다양한 시각적 효과를 통해 게임에 현실적인 분위기를 연출할 수 있다. 이 효과를 활용하여 오염된 연기, 물 등을 생동감 있게 표현해 본다. 예를 들어 'Texture(질감)'는 연기, 불꽃, 별 등의 파티클의 모양을 만들어 내고, 'Size(크기)'로 파티클의 크기 혹은 크기의 변화를 조절할 할 수 있다. 또한 'Rate(속도)'는 방출 속도로서 초당 생성되는 파티클의 개수를 설정한다. 더 나아가 'Acceleration(가속도)'은 바람, 중력의 효과까지 적용할 수 있다. 한편 로블록스 스튜디오의 'Procedural Generation(절차적 생성)'은 코드를 활용하여 자동으로 콘텐츠를 생성하는 기술이다. 이를 통해 맵, 지형, 캐릭터, 건물, 아이템 등을 알고리즘으로 자동 생성할 수 있다. 이를 통해 자동으로 랜덤 지형 생성, 자동 맵 생성, 캐릭터나 아이템을 자동으로 생성하는 것이 가능하다. 더 나아가 루아우를 통한 스크립트 코딩으로 플레이어의 상호작용을 추가할 수 있다. 예를 들어 '나무 심기', '쓰레기 줍기', '태양광 패널'을 설치하여 재생 에너지를 활성화하기' 등의 환경을 복구하는 액션을 추가하여 점수를 획득하고 환경이 깨끗해지게 할 수 있다. 이처럼 환경 이슈를 중심으로 '로블록스 스튜디오'를 활용하여 게임을 만들어 봄으로 과학적 상상력을 키울 수 있다.

참고문헌

김덕진(2024). 『AI 2025: 트랜드 & 활용백과』. 스마트북스.
김상균(2024). 『AI X 인간지능의 시대』. 베가북스.
유수근(2024). 『교실에서 바로 통하는 배움중심수업 에듀테크와 AI로 확! 잡자』. 앤써북.

08
AI와 철학적 상상력 교육

AI 도구들은 사고 실험을 촉진하며 새로운 개념적 지형을 생성해 냄으로 철학적 상상력을 함양한다. 오토드로 AI는 철학적인 상상력을 시각화하는 비주얼 싱킹을 통하여 사고를 명료화한다. 사이스페이스 AI는 주제와 관련된 방대한 자료를 분석하여 제시한다. 패들렛 AI는 아이디어를 시각적으로 공유하게 한다. 이러한 AI를 활용하여 'AI와 인간', 'AI 윤리'의 주제로 철학적 상상력을 키우는 활동을 할 수 있다.

AI와 한의학?

‘오토드로’를 활용한 비주얼 싱킹 – ‘미래의 AI와 인간’을 주제로

오토드로(AutoDraw) AI를 활용하여 ‘미래의 AI와 인간’을 주제로 비주얼 싱킹을 촉진함으로써 철학적 상상력을 함양할 수 있다. 오토드로 AI는 구글의 ‘크리에이티브 랩(Creative Lab)’ 프로젝트의 하나로서, 사용자가 간단하게 스케치를 하면 AI가 이것을 자동으로 인식하여 정교한 그림으로 변환해 주는 도구다. 즉 사용자가 대략적인 그림의 윤곽을 그리면 오토드로 AI가 이를 분석한 후에 가장 유사한 아이콘 혹은 일러스트를 추천한다. 또한 오토드로 AI는 펜, 도형 추가, 색상 선택 등의 기본적인 드로잉 도구를 제공한다.

오토드로 AI는 단순히 그림을 그리는 도구를 넘어 상상력을 시각화함으로써 철학적 사고를 촉진하는 데 활용할 수 있다. 예를 들어 철학적인 개념들—정의, 자유, 실존, 행복 등—을 그림으로 표현해 보고 오토드로가 이를 어떻게 해석하는지 살펴볼 수 있다. 오토드로가 생성한 그림을 바탕으로 AI의 창의성에 대해 생각해 볼 수도 있다. 또한 자유롭게 선을 그린 후에 AI가 변환한 이미지들을 분석하면서 의미를 부여하는 활동을 통해 기존의 사고방식을 넘어서서 철학적 사유를 확장할 수 있다.

또 오토드로 AI를 활용하여 '미래의 AI와 인간'이라는 주제로 철학적 상상력을 함양하는 활동을 해 볼 수 있을 것이다. 이를 위해 먼저 오토드로에서 미래의 AI와 인간이 공존하는 장면을 간단히 스케치해 본다. 그러고 나서 오토드로 AI가 이를 어떻게 해석하고 보정하는지 살펴본다. 또 AI가 제시하는 다양한 이미지 가운데 가장 적절한 것을 선택하면서 자신이 상상했던 모습과 어떻게 다른지 살펴봄으로 인간과 AI의 인식의 차이를 탐구해 본다. 더 나아가 완성된 그림을 보면서 '미래의 AI와 인간의 관계'에 대한 보다 심도 깊은 토론을 해 본다. 이처럼 오토드로는 '미래의 AI와 인간'이라는 주제를 중심으로 철학적 상상력을 함양하며 창의적인 사고를 촉진하는 데 유용하게 활용될 수 있다. 또한 오토드로 AI는 인간이 사물을 이해하는 방식과의 협업 가능성을 탐색하는 철학적 상상력의 실험장을 창출한다.

사이스페이스 AI 활용 프로젝트 – '인공지능과 구별되는 인간의 속성'을 주제로

철학적 상상력을 함양하기 위해 사이스페이스(SciSpace) AI를 활용하여 '인공지능과 구별되는 인간의 속성'에 대해 보다 심도 깊은 연구를 진행할 수 있다. 사이스페이스

AI는 추상적 사고나 윤리적인 딜레마 등을 깊이 있게 탐색하는 철학적 상상력을 활성화할 때 폭넓은 연구 자료들을 분석하여 숨겨진 연관성과 통찰력을 제시하는 방식으로 사고 파트너의 역할을 담당한다. 사이스페이스는 구글, 네이버와는 구별되는 검색 엔진으로, 찾고자 하는 내용을 입력하면 그와 관련된 보고서나 논문 등을 찾아 준다. '인공지능과 구별되는 인간의 속성'을 입력하면 화면 상단에는 다섯 개의 논문으로부터 도출된 대답과 그 논문들을 제시한다. 예컨대 사이스페이스 AI에 '인공지능과 구별되는 인간의 속성'을 입력했을 때 이에 대한 답변으로 감정적 깊이(emotional depth), 의식(consciousness), 인지적 유연성(cognitive flexibility) 등이 제시되었다.

더 나아가 그 밑에 여러 문서가 나온다. 왼쪽에는 문서의 제목이 나오고 오른쪽에는 그 문서에 해당하는 인사이트 요약이 나타난다. 왼쪽 창의 문서 아래쪽에 있는 'chat(대화하기)' 버튼을 누르면 그 문서에 대하여 챗봇과 대화를 할 수 있다. 또한 첫 화면에서 'Chat with PDF(피디에프에 대해 대화하기)'를 클릭하면 자신이 가지고 있는 PDF 문서를 업로드하여 그 문서에 대해 챗봇과 대화할 수 있다. 사이스페이스는 신속하게 보고서나 논문과 같은 자료와 인사이트를 폭넓게 제공하여 주제에 대한 보다 깊이 있는 연구를 가능하게 하면서 철학적 상상력을 함양한다. 더 나아가 '대화하기'를 통한 개인 맞춤 대화가 가능해 사고력을 촉진하는 데 도움을 준다.

패들렛 AI를 활용한 온라인 토론 – '인공지능 윤리'를 이슈로

패들렛(Padlet) AI를 활용하여 '인공지능 윤리'에 관한 온라인 토론을 진행할 수 있다. 패들렛은 6가지의 레이아웃을 제공하는데, 각각의 레이아웃은 섹션 설정 기능을 통해 게시물들을 유목화하여 표현하는 것이 가능하다. 즉, 모둠별, 주제별, 시기별 등으로 분류할 수 있다.

예를 들면 '담벼락'은 차곡차곡 쌓이는 담벼락 벽돌 같은 레이아웃이고, '스트림'은 게시물들을 아래로 스크롤하여 볼 수 있게 한다. 또한 '그리드'는 콘텐츠들을 가지런히 줄지어 배치하는 것이고 '캔버스'는 콘텐츠를 원하는 위치에 자유롭게 구성하거나 그룹화하여 연결할 수 있다. '타임라인'은 중앙의 가로선을 따라 내용을 배치하게 하며 '지도'는 지도 위에 콘텐츠를 추가하거나 표시할 수 있다.

패들렛을 활용하여 인공지능 윤리에 관한 다양한 의

견들을 나눌 수 있다. 인공지능이 일반 인공지능 혹은 초지능으로 발전하여 인간의 능력을 넘어서는 단계에 들어서서 인간의 통제를 벗어날 때 우려되는 상황들에 대비하여 인공지능 윤리를 수립해 나가려는 움직임이 있다. 예컨대 미국의 작가 아이작 아시모프는 로봇에 관한 소설들에서 로봇 공학의 3원칙을 제안한다. 제1원칙은 로봇은 인간에게 해를 가해서는 안 된다는 것이다. 제2원칙은 로봇은 제1원칙을 위배하지 않는 한 인간에게 복종해야 한다는 것이다. 제3원칙은 제1원칙과 제2원칙에 위배되지 않는 한 자신의 존재를 보호해야 한다는 것이다. 이러한 아시모프의 인공지능 3원칙은 이후의 로봇 윤리 담론이나 로봇 개발에 많은 영향을 끼쳤다.

더 나아가 로봇이 인간에게 위해를 가하지 않게 하기 위해 로봇에게 "너보다 강한 존재에게 하지 않을 일을 너보다 약한 존재에게도 하지 말라"는 명령어를 프로그래밍을 해야 한다는 제안도 있다. 또는 만일에 대비하여 인공지능을 파괴할 수 있는 로봇을 제작해야 한다는 주장도 있다. 한편 위급한 경우에 로봇의 전원을 꺼 버리는 것도 한 가지 방법으로 제시되기도 한다. 그러나 이런 경우에 다른 장치들도 마비될 수 있는 어려움이 있다. 이와 같이 인공지능 윤리와 관련된 다양한 의견들을 패들렛을 통해 공유하고 토론함으로 건설적인 방안들을 모색해 갈 수 있을 것이다.

참고문헌

강동훈 외(2022). 『교실 속 AI 교육』. 북랩.
김덕진(2024). 『AI 2025: 트랜드 & 활용백과』. 스마트북스.
김상균(2024). 『AI X 인간지능의 시대』. 베가북스.

09
AI와 종교적 상상력 교육

AI 도구들은 토론 주제와 질문을 제시하고 탐색하며 미학적 방식으로 주제를 표현하여 종교적 상상력을 함양한다. 퍼플렉시티 AI는 주제를 깊이 탐구하도록 돕는 생성형 인공지능이다. 수노 AI는 주제를 음악으로 표현하도록 돕는다. 띵커벨은 다양한 방식으로 토론을 전개해 갈 수 있게 한다. 이러한 AI 도구들을 활용하여 '평화'를 주제로 종교적 상상력을 키우는 활동을 할 수 있다.

AI와 화장품?

퍼플렉시티 AI를 활용한 창조적 상상력 함양-'평화' 이슈를 중심으로

퍼플렉시티(Perplexity) AI를 활용하여 '평화' 이슈를 중심으로 창조적 상상력을 함양하는 활동을 할 수 있다. 종교 교육학자인 마리아 해리스는 종교적 인식 과정의 핵심에 창조적 상상력이 자리 잡고 있음을 통찰한다. 생성형 AI 기반의 검색 서비스 중에 퍼플렉시티는 오픈AI에서 나온 멤버들이 2022년에 내놓은 것이다. 퍼플렉시티는 기존의 검색 엔진과 인공지능의 특성을 결합한 새로운 검색 AI다. 'Perplexity'는 '당혹감'이라는 뜻을 지니고 있는데, 사용자의 복잡한 문제를 해결하는 데 도움을 주겠다는 의미를 담고 있다. 2024년에는 SK 텔레콤의 대화형 검색인 에이닷에 탑재되었다. 퍼플렉시티를 활용하여 '평화'를 주제로 창조적 상상력을 함양할 수 있다.

보다 구체적으로 퍼플렉시티 AI를 통해 '평화'를 검색하면 평화의 정의와 종교적 관점, 평화 달성을 위한 접근-국제적 노력, 이론적 접근(민주 평화론, 자본주의 평화론 등)을 제시한다. 더 나아가 관련 질문들-"세계 평화는 어떻게 달성할 수 있을까?", "평화가 유지되는 주요 요인은 무엇일까?"-을 제안한다. 이러한 확장된 질문들을 활용함으로 '평화'에 관한 보다 깊은 이해와 평화를 위한 실천 방안들을 모색해 갈 수 있을 것이다. 무엇보다도 퍼플렉시티 AI는 그 출처를 제공함으로 신빙성을 더해주고 있다.

수노 AI를 활용한 종교적 상상력 함양 –'평화' 이슈를 중심으로

수노(Suno) AI를 활용하여 '평화'의 주제를 중심으로 종교적 상상력을 함양하는 활동을 할 수 있다. 수노 AI는 사용자가 입력한 텍스트를 기반으로 하여 노래를 생성하는 인공지능 음악 생성 프로그램이다. 수노 AI는 주제, 장르만 설정해도 노래를 만들어 주며, 주제와 가사를 상세하게 준비하여 입력하면 그에 따라 다양한 언어와 스타일의 음악을 생성한다. 즉, 팝, 힙합, R&B, 재즈, 록 등의 여러 가지 스타일로 노래를 만들어 낼 수 있다. 더 나아가 사람처럼 자연스러운 보컬을 생성해 내며, 다양한 보컬의 톤과 스타일을 통해 사용자가 원하는 느낌을 살릴 수 있게 한다. 더 나아가 자동 편곡과 믹싱도 가능하다.

노래가 나오면 재생 버튼을 클릭해서 들어보고 마음에 드는 버전에서 'continue from this clip(이 클립으로 계속)'을 선택하면 그 노래를 좀 다른 느낌으로 길게 다듣을 수 있다. 음악은 감정의 깊이를 폭넓게 담아낼 수 있는 강력한 비언어적인 소통 수단이며 종교적 상상력을 함양하는 데 도움을 줄 수 있는 매개체다. 따라서 수노 AI를 활용하여 '평화'의 내용을 담은 노래를 제작해 보는 활동은 종교적 상상력을 키우는 데 유용할 것이다.

예를 들어 수노 AI에서 '평화'의 가치를 담은 명상 음악을 제작할 수 있다. 혹은 종교의 경전에서 평화와 관련된 구절을 찾아 이를 노래로 만들어서 마음을 치유하고 평정을 유지하는 데 도움을 줄 수도 있다. 또 평화로운 세상을 기원하는 기도문을 작성한 후에 수노 AI를 활용하여 음악으로 변환할 수도 있다. 더 나아가 평화 운동과 캠페인을 위한 메시지를 담아 수노 AI로 노래를 제작해 볼 수 있을 것이다. 이처럼 수노 AI는 평화를 증진하며 종교적 상상력을 함양할 수 있는 다양한 활동을 지원한다.

띵커벨 보드를 활용한 예언자적(대안적) 상상력 함양–'평화' 이슈를 중심으로

종교적 상상력에서 '평화' 이슈를 중심으로 예언자적 상상력–대안적 상상력을 함양시키기 위해 '띵커벨 보드'를 활용할 수 있다. 띵커벨 보드는 디지털 게시판 형태의 에듀테크다. 학생들이 하나의 게시판에 동시에 접속하여 함께 콘텐츠를 만들고 공유할 수 있다. 또한 텍스트, 이미지, 문서, 음악 등의 형태로 다양한 게시물을 업로드할 수 있다. 띵커벨 보드는 학생들의 협업을 촉진할 수 있다는 점에서 협동 학습과 프로젝트 학습 기반의 다양한 학생 중심 수업을 설계하기에 용이하다.

'띵커벨 보드'는 팅커벨이라는 (주)아이스크림의 퀴즈, 토론, 협동 학습이 가능한 플랫폼의 한 기능이다. 띵커벨은 9개의 레이아웃-타일형, 그룹형, 격자형, 출석부형, 스트림, 타임라인, 롤링페이퍼, 만다라트, 헥사곤을 지니고 있다. 타일형, 격자형, 그룹형, 타임라인 등은 패들렛과 유사성을 지니고 있기도 하다. 그러나 '띵커벨 보드'는 국내 프로그램으로서 패들렛보다 우리나라 교육 활동들을 더 많이 반영하고 있는 듯하다.

출석부형은 번호순으로 학생 그룹을 만들어 준다. 이때 그룹은 게시물이 묶이는 그룹을 뜻하며 학생 수 혹은 모둠 수에 맞게 그룹 개수를 정하고 배포할 수 있다는 점에서 편리하다. 롤링페이퍼는 편지, 생일 축하, 졸업, 감사, 학교생활, 크리스마스 등의 테마를 활용할 수 있다. 또한 띵커벨 보드에서는 만다라트를 활용할 수 있다. 만다라트는 일종의 사고 기법이며 연꽃 모양으로 아이디어를 활발하게 발상해 가는 데 도움이 된다. 만다라트는 한 페이지 안에서 다양한 아이디어들을 파악하는 것이 가능하다. 또한 빈칸들을 채워 나가고자 하는 욕구를 자극해서 아이디어 발상을 촉진한다.

더 나아가 띵커벨 보드는 실시간 동시 협업이 가능하기 때문에 한 주제에 관하여 한 모둠의 학생들이 함께 아이디어를 채워 나갈 수 있다. 헥사곤은 벌집 모양의 테마로 자유롭게 위치를 선택해서 작성해 나갈 수 있다. 만다라트처럼 중앙에 상위 주제를 선정하고 주변에 하위 주제로 확산해 가는 식으로 활용할 수 있다. 또는 면이 닿는 부분을 따라 한 주제에 대해 떠오르는 아이디어들을 자유롭게 이어 붙여 나가는 식으로 활동할 수 있다.

'띵커벨 보드'를 활용하여 '평화'를 이슈로 교육 활동을 진행할 수 있다. 예를 들면 띵커벨의 '출석부'를 활용하여 학생들의 그룹을 구성한다. 또한 롤링페이퍼, 만다라트, 헥사곤 등을 응용하여 '평화'를 주제로 다양한 아이디어를 나눌 수 있다. 띵커벨을 활용할 수 있는 방법은 모둠별로 자신의 생각을 나누기, 띵커벨 보드에 올라온 다른 친구들의 의견 참고하기, 스마트기기를 활용하여 인터넷 검색으로 근거를 탐색하기 등이 있다. 이처럼 띵커벨 보드는 다양한 방법으로 보다 흥미 있게 '평화'를 주제로 종교적 상상력을 촉진할 수 있다.

참고문헌

김덕진(2024). 『AI 2025: 트랜드 & 활용백과』. 스마트북스.
김상균(2024). 『AI X 인간지능의 시대』. 베가북스.
유수근(2024). 『교실에서 바로 통하는 배움중심수업 에듀테크와 AI로 확! 잡자』. 앤써북.

10
AI와 교육적 상상력 함양

AI는 새로운 교수-학습 과정의 가능성을 제시함으로 교육적 상상력-인식, 공감, 비전의 상상력을 함양한다. 챗GPT AI는 주제와 관련하여 광범위한 자료를 제시함으로 인식의 상상력을 키워 준다. 딥스토리 AI는 이야기를 만들어 내며 공감의 상상력을 함양한다. 애니메이티드 드로잉 AI는 동적인 애니메이션을 생성함으로 비전의 상상력을 자극한다. 이러한 AI 도구들을 활용하여 '통일'을 주제로 교육 활동을 할 수 있다.

종교와 AI?

챗GPT를 활용한 인식의 상상력 함양 – '통일' 이슈를 중심으로

챗GPT와 같은 생성형 AI는 일의 효율성을 향상하기 위한 보조 도구로 개발되었다. 챗GPT는 사용자와의 대화를 통해 가장 만족할 만한 대답을 창출하기 위해 장시간에 걸쳐 개발되었다. 따라서 챗GPT를 잘 활용하기 위해서는 먼저 챗GPT가 제시하는 답변의 수준을 분별할 수 있는 능력을 갖추는 것이 중요하다. 또한 사용자 자신이 원하는 것이 무엇인지 명확하게 파악한 후에 챗GPT 인공지능을 적극적으로 활용할 필요가 있다. 즉 내가 찾는 답변이 도출될 때까지 챗GPT가 새로운 작업을 수행하도록 요청한다. 이를 위해 상세한 추가 요청 사항을 입력하거나 답변 재형성 버튼을 누르면 된다. 챗GPT는 즉각적인 답변을 제시함으로 학습 동기를 고취하고 의사소통 능력을 향상하며 개인 맞춤형 교육을 가능하게 한다. 더 나아가 창의적인 문제 해결 능력을 키워 준다. 이를 통해 챗GPT는 인식의 상상력을 함양하는 데 유용하게 활용될 수 있다.

또한 챗GPT는 교육에서 강의 계획안을 작성하고 학습 목표를 도출하며 수업 콘텐츠를 준비하는 데도 도움을 줄 수 있다. 여기에서는 챗GPT를 활용한 통일 교육 활동을 제시해 보고자 한다. 먼저 챗GPT에 "남북한의 통일에 관한 1시간짜리 수업계획서를 작성해 줘"라고 요청한다. 그러면 챗GPT가 남북한의 역사적 배경과 통일의 필요성, 그 과정에서 발생할 수 있는 여러 가지 문제와 해결책을 이해할 수 있도록 수업의 목표와 흐름을 구체적으로 제시해 준다. 예컨대 다양한 통일 모델 – 급진적 통일, 점진적 통일, 연방제 모델의 장·단점에 대해 생각해 보도록 제안한다. 더 나아가 "남북한 통일을 위해 해결해야 할 가장 큰 문제는 무엇일까요?" 등의 토론 주제까지 제공한다. 이처럼 '통일' 교육을 위해 챗GPT는 인식의 상상력을 자극하며 교수-학습 과정을 풍성하게 하는 데 도움을 준다.

딥스토리 AI를 활용한 공감의 상상력 함양 – '통일' 이슈를 중심으로

딥스토리(Deepstory) AI를 활용하여 '통일'의 주제를 중심으로 공감의 상상력을 함양하는 활동을 할 수 있다. 딥스토리 AI는 창의적인 이야기를 자동으로 생성하는 인공지능이다. 딥스토리 AI는 보통 텍스트 기반의 스토리 생성 알고리즘을 통해 사용자의 입력에 따라 이야기를 전개하기도 하고, 캐릭터의 행동 등을 변화시키기도 한다. 즉 사용자가 제공하는 간단한 아이디어나 주제, 장르에 맞추어 다양한 이야기를 생성해 낸다. 더 나아가 장면, 시간, 캐릭터 등의 특정 조건에 적합한 스토리를 만들어 낼 수 있다. 이처럼 딥스토리 AI는 스토리라인 생성 및 캐릭터의 상호작용을 전개해 가는 데 도움을 준다. 딥스토리 AI는 영화, 소설, 게임 등의 콘텐츠 생성에 활용될 수 있다.

딥스토리 AI 는 자동 스토리 생성 외에 사용자가 등장인물과 상호작용하거나 선택하게 함으로 이야기를 사용자가 원하는 방향으로 변화시켜 갈 수 있는 대화형 스토리텔링 기능을 지니고 있다. 또한 딥스토리 AI는 나이, 성격, 배경 등 사용자가 지정하는 캐릭터를 생성하며, 이야기가 진행됨에 따라 물리적, 감정적으로 변화하는 캐릭터의 모습을 담아낸다. 더 나아가 특정한 분위기나 느낌, 배경을 설정할 수 있다. 또 사용자는 문체나 스타일, 다양한 언어를 생성할 수 있다. 그리고 여러 명이 함께 스토리를 작성해 나갈 수 있는 협업 기능도 제공한다. 또한 생성된 이야기에 대해 어느 정도의 피드백을 제공하는데, 예컨대 스토리의 캐릭터 설정이나 플롯이 자연스러운지, 이야기의 전개가 너무 느리거나 빠르지 않은지 스토리의 흐름을 분석한다.

딥스토리 AI를 활용하여 '통일'을 주제로 대본을 작성해 봄으로써 공감의 상상력을 키우는 활동을 할 수 있다. 예를 들어 통일을 위한 중재자의 역할을 담당할 수 있는 탈북민의 이야기를 담은 대본을 딥스토리 AI를 사용하여 작성해 본다. 탈북민이 남한에서 경험하는 소외감, 생존과 적응, 갈등과 성장, 문화 차이, 정체성 고민, 사회적 편견, 가족을 그리워하는 마음, 꿈을 찾아가는 이야기, 더 나아가 탈북민이 통일을 위해 기여하는 모습 등에 관한 대본을 작성할 수 있다. 이를 통해 탈북민에 대한 공감적 상상력을 키워 갈 수 있으며 더 나아가 통일을 위한 중요한 매개로서의 탈북민의 역할에 대해 그려 볼 수 있을 것이다. 이를 위해 먼저 탈북민 캐릭터의 배경을 설정할 수 있다. 즉 탈북민 캐릭터가 언제, 어떻게 탈북했는지, 어떤 직업을 가졌는지 설정한다. 또 가족, 친구, 직장 동료들에 관한 이야기를 추가하여 몰입도를 높인다. 또한 탈북자가 새로운 상황에서 겪는 감정, 문화 충돌 등을 강조하는 내용을 담아 스토리를 전개한다. 사용자는 딥스토리 AI가 작성한 대본에 자신의 의견을 가미하여 스토리의 방향을 수정할 수 있다. 이처럼 딥스토리 AI를 활용하여 탈북민에 대한 공감의 상상력을 함양하여 함께 통일을 위해 기여할 수 있는 길을 모색해 본다.

애니메이티드 드로잉스 AI를 활용한 비전의 상상력 함양 -'통일' 이슈를 중심으로

애니메이티드 드로잉스(Animated Drawings) AI를 활용하여 '통일'의 주제를 중심으로 비전의 상상력을 함양하는 활동을 할 수 있다. 애니메이티드 드로잉스 AI는 정적인 그림을 동적인 애니메이션으로 변환할 수 있는 인공지능이다. 일러스트나 그림을 분석하고, 그 이미지의 요소들이 어떻게 움직일 수 있을지 예측하여 그 안의 객체나 캐릭터들을 동작하는 형태로 변환한다. 교육이나 콘텐츠 제작, 게임 개발, 디지털 아트 등의 다양한 영역에서 유용하게 활용될 수 있다.

애니메이티드 드로잉스는 움직임을 감지하고 적용하는 기능 외에도 다양한 애니메이션 스타일을 지원한다. 예를 들어 2D 애니메이션, 3D 애니메이션 혹은 간단한 GIF 스타일로 변환하는 등의 여러 가지 스타일의 애니메이션을 지원한다. 더 나아가 애니메이티드 AI를 통해 그림을 애니메이션으로 바꾼 후에 투네이터(Toonator) 등의 다른 AI를 사용하여 음악이나 효과음을 삽입하여 더욱 몰입감 있는 애니매이션을 만들 수 있다. 또한 블렌더(Blender) 등의 다른 AI를 사용하여 애니메이션의 배경과 환경을 조정할 수 있다.

애니메이티드 드로잉스를 활용하여 '통일' 주제를 중심으로 비전의 상상력을 함양할 수 있는 다양한 방법들이 있다. 예를 들어 애니메이션을 통해 미래에 남북이 통일이 되었을 때의 모습을 형상화해 볼 수 있다. 사람들이 평화롭게 공존하는 모습을 애니메이션으로 만들 수 있다. 보다 구체적으로, 기념비적인 장소에서 남북한의 사람들이 서로 손을 잡고 웃고 있는 장면이나 남과 북의 사람들이 한자리에 모여 음식을 나누거나 춤을 추는 모습을 그려 볼 수 있다. 혹은 애니메이션을 활용하여 대립에서 화해로 변화하는 과정을 시각화해 볼 수 있다. 예를 들어 두 캐릭터(남과 북)가 극적인 전환점을 통해 갈등하는 장면에서 점차 서로를 이해하고 협력하는 모습으로 변화하는 과정을 그려 낼 수 있다. 이때 상징적인 요소들을 활용할 수도 있는데, 벽, 폭풍 등의 갈등을 상징하는 요소에서 다리, 비둘기, 햇살 등의 요소를 삽입함으로 화해의 메시지를 보다 강렬하게 전달할 수 있을 것이다. 이처럼 애니메이티드 드로잉스 AI를 활용하여 보다 생생한 방식으로 '통일'을 주제로 한 비전의 상상력을 함양할 수 있는 활동을 할 수 있다.

참고문헌

김덕진(2024). 『AI 2025: 트랜드 & 활용백과』. 스마트북스.
김상균(2024). 『AI X 인간지능의 시대』. 베가북스.
류성일 외(2023). 『2024 AI 트렌드』. 딥앤와이랩스.

문은영

장로회신학대학교 기독교교육과 객원교수다. 에모리대학교에서 석사학위를, 클레어몬트신학교에서 (기독교)교육학 박사학위를 받았다. 장로회신학대학교, 아신대학교 등에서 기독교교육과 객원교수로 강의를 했다. 주요 저서로 『상상력을 통한 기독교교육』(2020), 『미래세대와 기독교교육』(2022) 등이 있다. "4차 산업혁명 시대의 교육적 함의와 상상력을 통한 신앙양육의 패러다임"(2020) 등 다수의 논문을 등재학술지(KCI)에 게재했다.